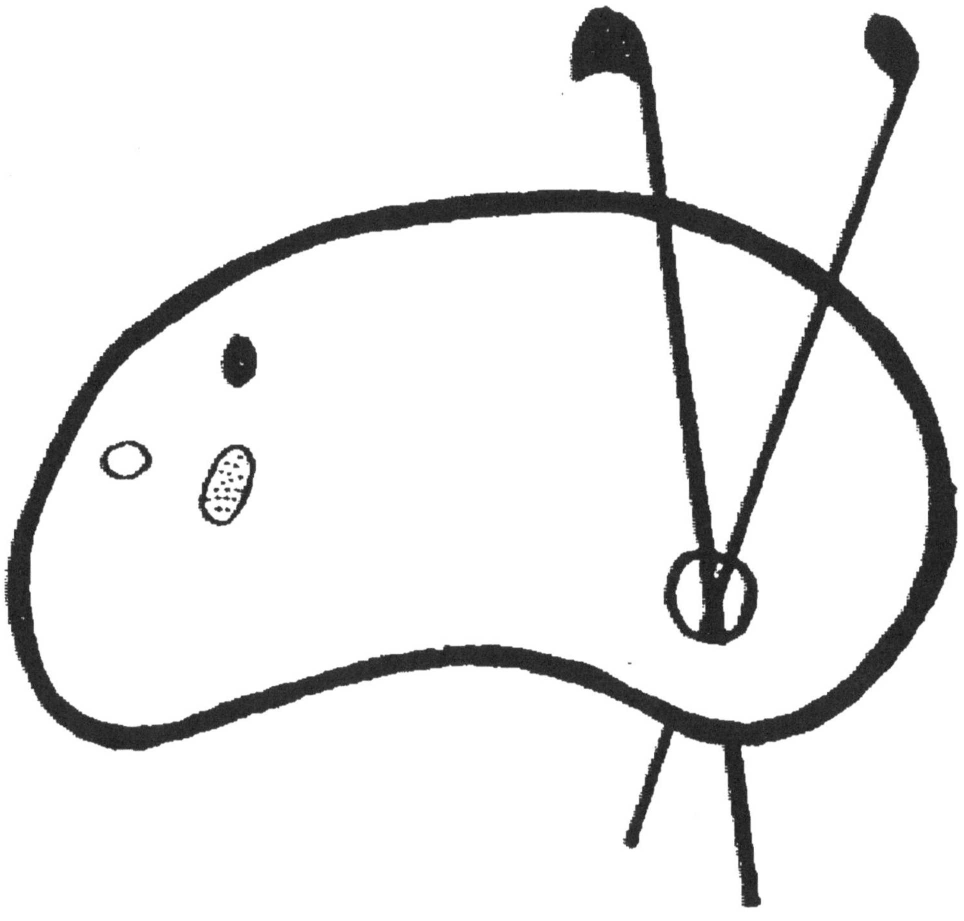

ORIGINAL EN COULEUR
NF Z 43-120-8

Couverture inférieure manquante

LA PROVENCE

ET LES

PROVENÇAUX

PAR

ÉMILIEN CAZES

INSPECTEUR D'ACADÉMIE A MARSEILLE

PARIS

GEDALGE JEUNE, LIBRAIRE-ÉDITEUR

75, RUE DES SAINTS-PÈRES, 75

LA PROVENCE
ET LES PROVENÇAUX

LA PROVENCE
ET LES PROVENÇAUX

PAR

ÉMILIEN CAZES

INSPECTEUR D'ACADÉMIE A MARSEILLE

PARIS
GEDALGE JEUNE, LIBRAIRE-ÉDITEUR
75, RUE DES SAINTS-PÈRES, 75

LA PROVENCE
ET LES PROVENÇAUX

LE PAYS

I

ASPECT GÉNÉRAL DE LA PROVENCE

Le voyageur qui sort de Lyon et se dirige en droite ligne vers le sud, en suivant la vallée du *Rhône*, voit, après quelques heures de chemin de fer (1), le pays changer tout à coup. Quand il a dépassé *Valence* et *Montélimar*, et franchi, à droite de la vieille cathédrale de *Viviers*, au clocheton gothique, la gorge étroite où la route et le chemin de fer sont superposés, la vallée s'ouvre aussitôt, et son œil parcourt avec un irrésistible plaisir toute l'étendue lumineuse d'une terre privilégiée.

La verdure sombre et luisante a fait place à une teinte plus pâle qui s'harmonise mieux avec les tons de la roche

(1) Moins de trois heures, en train express.

calcaire. L'atmosphère, jusque-là humide et nuageuse, est devenue d'une clarté et d'une transparence parfaite; une sorte de poussière lumineuse semble rayonner au-dessus de l'horizon. L'olivier, jusque-là inconnu, apparaît sur tous les coteaux : c'est le Nord qui finit et la région méditerranéenne qui commence (1).

C'est la Provence qui s'annonce.

Voici, sur la rive gauche du fleuve, les riches plaines d'*Orange*, de *Carpentras* et d'*Avignon*, dominées par le superbe *Ventoux* (*lou Ventour*), arrosées par les eaux limpides issues des roches calcaires : l'*Aygues*, l'*Ouvèze*, la *Nesque*, et, belle entre toutes, la fameuse *Sorgues*, qui s'échappe de la *Fontaine de Vaucluse* et rappelle le souvenir du poète *Pétrarque*.

Cependant, de l'autre côté du fleuve, le mur longitudinal des *Cévennes* contourne de plus en plus et disparait vers le sud-ouest, laissant s'élargir indéfiniment cette vallée du fleuve qui aboutit bientôt à la mer.

A *Tarascon*, dont le château du roi *René*, admirablement conservé, fait face sur le Rhône à celui de *Beaucaire* aux ruines imposantes, la voie s'infléchit vers l'est. A partir d'*Arles*, tête du delta, elle traverse le désert de la *Crau*, où pousse, entre les cailloux, une herbe courte et rare, borné au nord par le mur blanc et dentelé des *Alpilles*; ensuite elle longe l'étang de *Berre*, petite mer intérieure et solitaire, aux rives accidentées; enfin,

---

(1) Voir Lenthéric, *La Provence maritime*.

après avoir franchi le tunnel de *Nerthe,* elle laisse voir à l'œil ébloui le golfe de *Marseille,* la grande ville bâtie en amphithéâtre, ses bassins, ses îles, et, dominant le tout, le rocher escarpé de *Notre-Dame-de-la-Garde.* Dans le fond se dressent, comme un cirque gigantesque,

CHATEAU DU ROI RENÉ A TARASCON

les chaines de l'*Étoile,* de la *Sainte-Baume* et de *Saint-Cyr.*

A *Marseille,* on entre dans la zone littorale qu'on ne quitte plus.

L'aspect du paysage provençal frappe de surprise les voyageurs, même les méridionaux du Sud-Ouest, habitués à d'autres spectacles. Un ciel bleu sans tache, fréquemment balayé par le mistral, un soleil ardent, des roches calcaires, grises ou bleuâtres, toujours lumineuses ; peu de verdure ; le feuillage pâle des oliviers qui se colorent en vert plus foncé à mesure qu'on avance vers l'est ; enfin, le vert sombre et éternel des pins, formant de ci de là des bosquets ou *pinèdes* et de véritables forêts sur certaines montagnes, principalement dans la chaîne des Maures et de l'Esterel (1).

II

LE LITTORAL

I. — Côte orientale (de Marseille aux Alpes-Maritimes).

La côte provençale de la Méditerranée, qui commence aux embouchures du Rhône, présente d'abord le curieux delta de la *Camargue*, ensuite une succession de golfes, de baies et de promontoires, bordés d'une ceinture d'îles et d'îlots. Depuis le cap *Couronne*, la côte tout entière s'avance comme une citadelle entre les golfes du *Lion* et de *Gênes*, en face de cette terre africaine, avec laquelle elle a, en maints endroits, une si grande analogie.

Marseille est heureusement située au point de soudure des deux courbes (concave et convexe) du littoral fran-

(1) Ces chaînes sont dans le département du Var.

çais méditerranéen, depuis les Pyrénées jusqu'à la frontière italienne. Son golfe marque la limite entre la côte occidentale et la côte orientale de la Provence, si différentes d'étendue, de constitution et d'aspect.

La côte orientale de la Provence va du golfe de Marseille aux Alpes-Maritimes.

Depuis cette ville jusqu'à la limite du département du Var, les roches calcaires s'étagent et se découpent « en falaises aux arêtes heurtées et aux formes bizarres » : le cap *Croisette*, le bec de *Sormiou*, le cap *Morgiou*, la pointe du *Pin*, en avant de *Cassis*, et le bec de l'*Aigle* qui commande l'entrée de la baie de *La Ciotat*, s'avancent en mer comme de véritables bastions.

La côte est partout abrupte, à pic, inaccessible, sauf, par intervalles, dans les échancrures des falaises nues où se trouvent d'excellents abris pour les navires de pêche et pour le cabotage.

On y trouve aussi de petites baies profondément enfoncées et semblables au fiords de Norwège. On les appelle, en provençal, des *calanques*. Celle de *Portmiou*, séparée de la mer par un petit goulet naturel, est surtout remarquable.

Le cap *Croisette* (1), dernier contrefort de la chaîne de *Saint-Cyr* dont la *Carpiagne* est une des crêtes les plus élevées, situé au sud-est de *Marseille*, séparé

(1) Le nom de croisette est assez répandu sur les côtes de Provence et du Languedoc.

de quelques centaines de mètres de l'île *Maïre*, a devant lui, à six kilomètres au large, le récif u *Planier* qui supporte un superbe phare dont le feu scintillant projette son cercle de lumière à plus de 30 milles (1) marins.

L'île *Maïre*, l'île de *Riou* (2), située plus au sud, et les autres îlots ne renferment pas d'autres habitants que les oiseaux de mer.

Après cette côte rude et tourmentée, se trouve le petit port de *Cassis*, « entre les rochers roux et blancs qui forment une crique en demi-lune, le front en plein midi et les pieds dans la mer (3). » *Cassis* possède de belles carrières de pierres qui servent aux constructions de *Marseille* et de la *Provence* littorale. Elles furent jadis exploitées par les *Romains*, ainsi que les bancs de corail dont les rochers sous-marins de cette partie de la côte étaient et sont encore tapissés.

Le port, inaccessible aux gros navires, est sans importance. Il sert à la pêche et au cabotage.

L'industrie consiste dans la fabrication de cabas en sparterie pour les moulins à huile; elle est exclusivement féminine.

Le port de *La Ciotat*, qui se trouve à quelques

---

(1) Le mille marin, unité de longueur employée par les marins en Angleterre, en France, en Italie, est de 1,852 mètres.

(2) L'île de Riou possède une inoffensive batterie.

(3) Mistral (*Calèndau*).

kilomètres de celui de *Cassis*, est plus important. Il était relié à la ville gréco-romaine de *Ceyreste* (1), bâtie sur la hauteur, à quatre kilomètres de la côte et qui n'est plus aujourd'hui qu'un pauvre village.

Les Romains y avaient établi un *castrum*, ou camp retranché, qui servit de poste défensif contre les *Ligures*. A l'époque romaine, *La Ciotat* n'était que le faubourg maritime de la ville construite sur la hauteur, le port d'embarquement de ses colons. L'ancien nom *Portus Citharista* (port de Cyreste) a fait place, au moyen âge, à celui de *La Cioutat Bort*, ou port de la Cité, d'où La Ciotat.

Le port de *La Ciotat* n'est pas commerçant, mais la ville doit sa situation industrielle très prospère à l'établissement des grands chantiers de construction de navires de la Compagnie des Messageries maritimes, qui occupe plus de trois mille ouvriers. Ses ateliers, les plus importants de la Méditerranée avec ceux de la *Seyne*, près de Toulon, construisent, soit pour la Société des *Messageries*, soit pour l'*État*, soit pour diverses compagnies de navigation, ces magnifiques paquebots à vapeur destinés aux voyages transocéaniques ou même des vaisseaux de guerre pour le service de notre flotte ou des flottes étrangères.

« La côte gauloise, dit Strabon, qui s'étend depuis

---

(1) La ville forte (*Oppidum*) était placée sur un point difficilement accessible, hors de l'atteinte des pirates; d'ailleurs, la plupart des villes mari-

Massilia jusqu'au *Var* et à la *Ligurie* voisine de ce fleuve, est bordée de villes marseillaises, telles que *Tauroentum, Olbia, Antibes, Nice.....* Les *Grecs* de Marseille ont bâti toutes ces villes pour se protéger contre les incursions des *Salyens* et des *Ligures* qui habitent les derniers chaînons des *Alpes*, pour contenir les *Barbares*, maîtres du haut pays, et s'assurer, par ce moyen, la liberté des mers (1). »

Les deux premières ont complètement disparu.

La ville d'*Olbia* était placée, dit-on, dans la rade d'*Hyères*. Quant à *Tauroentum* (2), qui suivit la fortune de *Marseille* pendant la guerre entre *César* et *Pompée*, elle était située sur les bords de la mer, en face de *La Ciotat* et à la partie orientale de la baie de ce nom (3), non loin du village de *Saint-Cyr*, à l'ouest de la station du chemin de fer. De nombreuses ruines ont été mises à jour (débris de portique de temple, marbres précieux, tombeaux, poteries colossales, monnaies) (4).

On suppose que *Tauroentum* fut détruite par les *Sarrasins*, dans le courant du XIe siècle.

---

times de la Grèce avaient été établies de la même manière. Athènes, par exemple, est reliée à la mer par le Pirée. Cette séparation entre la ville et le port est très fréquente dans les cités antiques.

(1) Strabon. *Géographie*, livre IV, chap. I.
(2) César la désigne, dans ses Commentaires, sous le nom de forteresse marseillaise (*castellum massiliensium*).
(3) Cette partie de la baie porte le nom de place des Lèques.
(4) Quelques-unes de ces ruines se trouvent au musée du Château-Borély, à Marseille.

La côte orientale de la baie de *La Ciotat* fait partie du département du Var, « le plus mal nommé de France, » puisque cette rivière ne coule plus dans le département qui continue à porter son nom, depuis l'annexion du comté de *Nice* et la création du département des *Alpes-Maritimes*, qui a pris au département du *Var* les cantons d'*Antibes* et de *Grasse*, ainsi que tout le cours de cette rivière.

La côte du département du Var est très accidentée ; elle présente (et c'est le trait commun du littoral, de *Toulon* à *Gênes*) une série d'étages et de plateaux d'une ordonnance grandiose, depuis la montagne « inaccessible et vierge » jusqu'à la colline couverte de végétation et à la falaise nue du rivage. C'est un véritable échafaudage de collines et de montagnes, et qui semble, de prime abord, une ligne continue, mais qui se divise en trois groupes différents : le massif entre *La Ciotat* et la rade d'*Hyères*, la chaîne des *Maures* et l'*Esterel* (1).

Le premier massif est en très grande partie calcaire, avec des falaises verticales (monts *Faron* et *Coudon* (702^m), qui dominent *Toulon*) aux douces teintes grises et légèrement bleues.

Les *Maures* sont granitiques et couvertes jusqu'à leurs sommets, généralement arrondis, d'une magnifique végétation de pins et de chênes-liège.

---

(1) Voir Lenthéric (*La Provence maritime*).

L'*Esterel*, avec ses roches éruptives, la couleur ardente de ses porphyres rouges tranchant sur l'azur du ciel et le bleu profond de la mer, offre, à certaines heures du jour, l'aspect d'un véritable embrasement. Il est abrupt, sauvage, aux pentes raides, garnies d'arbousiers et de chênes verts. La mer s'engouffre aux pieds de ses falaises avec fracas.

La côte du département du *Var* est remarquablement dentelée, elle présente à chaque pas d'excellents abris : c'est d'abord le petit port de *Bandol*, qui semble un diminutif de celui de *La Ciotat*. Il exporte les vins de la fertile vallée du *Beausset* (1).

A 3 kilomètres de *Bandol*, s'ouvre la rade de *Saint-Nazaire*. La colline de *Six-Fours*, qui la protège du côté du large, en fait un des meilleurs mouillages de la *Méditerranée*. Son port fait aussi très peu de commerce. *Bandol* et *Saint-Nazaire* ont une certaine importance comme ports de pêche et de cabotage.

A partir de la baie de *Saint-Nazaire*, la côte court brusquement vers le sud jusqu'au cap *Sicié*, aux falaises granitiques couronnées par la redoute de *Six-Fours* (2). Au sud-ouest de ce cap, se trouve la rade de *Brusc* et le petit archipel des *Embiez*. Sur l'un des ilots est un phare qui croise ses feux avec le phare de Planier, dans

---

(1) L'invasion du phylloxéra a ralenti cette exportation qui, d'ailleurs, se fait maintenant en grande partie par le chemin de fer.

(2) On devrait dire Six-Forts; on trouve en effet sur ce plateau les ruines de six petits fortins.

la rade de Marseille, et avec celui de *Porquerolles*, la plus occidentale des îles d'*Hyères*.

La petite ville de *Six-Fours* possède une des plus curieuses églises de la Provence. Sa position naturellement forte la défendit avantageusement contre les *Sarrasins* de *Fraxinet* (1).

Du cap *Sicié* au cap *Bénac*, promontoire méridional des montagnes des *Maures*, la côte change. Ce n'est plus la falaise continue, mais l'alternance des promontoires rocheux et des plages. Entre les montagnes calcaires qui dominent *Toulon* et la chaine granitique des *Maures* s'étend la vallée d'alluvion d'*Hyères*, d'une largeur moyenne de 3 à 4 kilomètres, dont le fond est cotoyé par le chemin de fer de *Toulon* à *Nice*. Elle est arrosée par un petit fleuve, le *Gapeau*, qui prend sa source au pied de la montagne de la *Sainte-Baume*.

La rade d'*Hyères* est fermée au sud par les îles de *Porquerolles*, de *Port-Cros* et du *Titan* ou du *Levant*, et à l'ouest par la presqu'île de *Giens*, qui renferme les salines de *Pesquiers*. Les deux premières ont d'excel-

---

(1) De temps immémorial, les Toulonnais ont plaisanté les gens de Six-Fours, comme les Marseillais ceux des Martigues.

« Il s'agit des gens de Six-Fours...
(A Marseille, on dit des Martigues)
...Jamais bernant, bernés toujours.
Gens sans malice et sans intrigues
Et qui peuvent prendre, en un jour,
Si l'on veut leur jouer un tour,
Les raisins muscats pour des figues
Et la flûte pour le tambour. »
    JEAN AICARD (*Miette et Noré*).

lents vins. Cette presqu'île, comme celle du cap *Cépet* (1), au sud de la grande rade de *Toulon*, était jadis isolée du continent. La soudure s'est faite, à une époque relativement récente, « par des débris de falaises des deux promontoires arrachées par les vagues du large. »

Les iles *Hyères* (2), jadis détachées de la chaîne des *Maures*, battues par tous les vents et subissant les rudes assauts de la mer, sont presque désertes. Leur climat ne diffère pas sensiblement de celui du littoral voisin qui, abrité du nord et des rafales du mistral, jouit d'une température exceptionnelle et voit prospérer en pleine terre une végétation semi-tropicale. Aux premiers siècles du Christianisme, les moines de *Lérins* établirent dans ces iles une succursale florissante ; mais, à la fin du XIIe siècle, occupées par les *Sarrasins*, elles furent les avant-postes de leur petit royaume de la chaîne des *Maures* (3).

Au nord de la rade de *Giens*, se trouvent les ruines de l'ancienne *Pomponiana*, mises à découvert en 1843.

La ville d'*Olbia* (heureuse), que *Strabon* mentionne comme une colonie de *Marseille*, était située non loin de là, mais son emplacement n'a pu être exactement établi.

(1) Sur le cap Cépet est construit le fort Saint-Elme et l'hôpital militaire de Saint-Mandrier.

(2) Les anciens les appelaient *Stæchades*, c'est-à-dire rangées, disposées en chapelet. Ils comprenaient sous la dénomination de *stæchades* toutes les îles littorales échelonnées le long de la côte de Provence.

(3) On voit de distance en distance les ruines de leurs tours quadrangulaires.

Toulon, aujourd'hui si important, n'a pas une antique origine. C'était, sous le nom de *Telo Martius*, une des stations officielles de la flotte romaine.

Elle posséda de bonne heure un siège épiscopal. Souvent ravagée par les *Barbaresques*, protégée par le vicomte de *Marseille* et les abbés de *Saint-Victor* (1), dévastée de nouveau, pillée par les *Sarrasins* (2), elle eut, pendant la plus grande partie du moyen âge, une existence précaire.

« La vigie du *Faron* (3), à l'approche des écumeurs de mer, faisait des signaux (4) aux vigies voisines, et c'était là une condition importante pour la sauvegarde du pays. »

C'est Louis XII qui commence l'importance du port de Toulon, en faisant bâtir, à l'entrée de la petite rade, le bastion circulaire désigné encore aujourd'hui sous le nom de grosse tour. Mais Toulon ne devient réellement port militaire qu'avec Henri IV, qui fit allonger le quai de Louis XII, creuser une *darse* (5), appelée aujourd'hui la *darse vieille*, agrandit et fortifia la ville.

(1) L'abbaye de Saint-Victor était à Marseille. Une partie existe encore.

(2) Le roi de Mayorque mit la ville deux fois au pillage dans la seconde moitié du XIIe siècle.

(3) Faron, Pharus, Farus, Farotus, Faronum, etc., dans la basse latinité, on désignait ainsi les tours du guet.

(4) Pendant la nuit, on y allumait des feux clairs; pendant le jour, on y brûlait de la paille mouillée, pour donner l'éveil aux populations de la côte.

(5) On appelle *darse* une portion de mer formant bassin, et dont l'unique entrée sur la rade est fermée par une chaîne.

Le développement de la marine militaire sous Louis XIV devait profiter à Toulon. Le grand ingénieur Vauban creusa la *darse neuve* et en fit une place forte de premier ordre qui soutint avec succès les sièges mémorables de 1707 et de 1793, deux des plus glorieuses pages de son histoire.

La population de Toulon a suivi le développement de son port. Elle atteint aujourd'hui, avec la garnison, 100,000 habitants. « Considéré dans son ensemble, l'établissement maritime de Toulon comprend à la fois la grande rade, la petite rade, les bassins, l'arsenal et, comme annexes, le golfe de *Giens* et la rade d'*Hyères*. Cette dernière est en effet au port de Toulon ce qu'un champ de tir et de manœuvres serait à un quartier d'artillerie. A Toulon, o.. lieu l'armement, la réparation des navires, la centralisation et la direction de tous les services de la marine; à *Hyères*, s'effectuent les opérations d'embarquement et les exercices de la flotte (1). »

La *rade* de Toulon se divise en deux parties bien distinctes, la *grande* et la *petite* rade.

La grande rade a 3 kilomètres de largeur moyenne; elle sert d'avant-port à la petite rade, dominée par une falaise verticale de 600 mètres de hauteur (*le Faron*), et, plus loin, par l'escarpement décharné du *Coudon*.

---

(1) Lenthéric (*La Provence maritime*).

La grande rade s'ouvre sur la mer par une passe de 400 mètres de large environ, mais elle est protégée : au nord, par deux lignes de forts; sur le littoral, de l'ouest à l'est, par les forts de première classe de *Lamalgue*, du *Cap Brun* et de la *Colle-Noire;* sur les hauteurs qui dominent Toulon, par les forts de première classe de *Faron* et de *Coudon* et d'autres forts de moindre importance. Au sud-ouest, sur la presqu'île du *cap Cépet*, se trouvent le fort de la *Croix-des-Signaux* et les batteries rasantes de *Saint-Mandrier*.

Des forts sont construits, en ce moment, aux deux extrémités de la presqu'île de *Giens* et sur le mont *Caïs*, dominant la vallée de *Dardennes*, au nord de Toulon. Le fort de première classe de *Six-Fours* et les batteries de *Balaguier* et du *Mourillon* balayeraient la grande rade concurremment avec les grands forts déjà cités et d'autres moins importants qui auraient chacun leur rôle en cas d'attaque de Toulon par une escadre ennemie.

La rade d'*Hyères*, la plus belle du littoral français de la Méditerranée, est, au point de vue militaire, le complément de l'établissement de Toulon. Admirablement protégée, au nord, contre le mistral par des hauteurs boisées; au sud, contre la houle du large par un brise-lame naturel de plus de 40 kilomètres (1), elle présente toujours, quelle que soit la direction du vent, un ou

(1) Ce brise-lame est constitué par les îles d'Hyères elles-mêmes.

plusieurs excellents abris. Elle sert aux évolutions de notre escadre de la Méditerranée.

Au sud-ouest de la petite rade de Toulon est situé le port de la *Seyne*, où se trouvent les magnifiques ateliers de réparations et de constructions de la Société des *Forges et Chantiers de la Méditerranée*. Là, plus de deux mille ouvriers construisent des navires de toutes dimensions, depuis les yachts de plaisance jusqu'aux vaisseaux cuirassés.

Le port marchand de Toulon, quoique tout à fait relégué au second plan, a néanmoins une certaine importance, à cause des équipages de la flotte ; son mouvement est en moyenne de 60,000 tonnes.

La pêche, très importante sur ce littoral, occupe environ douze cents marins « que leurs utiles fonctions en temps de paix n'empêchent pas, au jour du danger, d'être embarqués sur la flotte, où ils deviennent bientôt nos meilleurs hommes de guerre. »

Entre le massif calcaire qui domine Toulon et la chaîne granitique des Maures, s'étend la riche plaine ou jardin d'*Hyères*, véritable oasis qui n'échappe pas toujours entièrement aux rigueurs du mistral.

Sa flore est, sans contredit, une des plus riches et des plus brillantes du midi de la France. « Sur certaines pentes abritées, les plantes frileuses tapissent tous les rochers ; les cactus, les néfliers du Japon, les figuiers de Barbarie, se mêlent aux arbres fruitiers indigènes. La plaine entière, riche des alluvions du *Gapeau* et surchauffée par un soleil prodigue, semble un vaste jardin d'acclimatation pour les plantes tropicales ; et, tandis que les chênes verts, les pins et les oliviers couronnent les hauteurs voisines, les longues files de cyprès noirs, les éventails de palmiers et les bosquets d'agavés (1) donnent à l'ensemble du paysage un caractère presque asiatique (2). »

Seulement, cette belle plaine de jardins et de vergers, où l'on cultive avec succès les primeurs de toute espèce, ne va pas jusqu'à la mer : elle est arrêtée par les dépôts de sable et de limon du *Gapeau*.

* * *

La zone littorale qui s'étend depuis la rade d'Hyères jusqu'au golfe de *Fréjus* porte le nom de pays ou chaîne des *Maures*.

Cette côte forme un grand arc de cercle dont la convexité est tournée vers la mer; elle est rocheuse, assez difficile ; elle présente trois enfoncements principaux : la rade de *Bormes*, la baie de *Cavalaire* et le golfe de *Saint-Tropez*.

Sur le littoral, l'occupation sarrasine a laissé des

---

(1) L'agavé est une espèce d'aloès.

(2) On a longtemps parlé des forêts d'orangers d'Hyères. Aujourd'hui, elles ne sont guère plus qu'un mythe. On a substitué le pêcher à l'oranger dans la plupart des plantations (voir Lenthéric).

traces ineffaçables moins même dans le sol que dans l'imagination des habitants du pays. Dans la première moitié du VIIIe siècle, les Sarrasins mirent la main sur presque toutes les villes littorales de la Provence, depuis Antibes jusqu'à Arles, sans rencontrer de résistance sérieuse. Tout d'abord, ils pillèrent sans prendre pied sur le continent. Vers le milieu du xe siècle, ils occupèrent l'ancien village gallo-romain de *Fraxinctum* (1). Maîtres de cette position importante, ils occupèrent bientôt les hauteurs voisines et les couvrirent de petits châteaux forts.

Le golfe de *Saint-Tropez*, qui pénètre au cœur de ce massif, devint une sorte de mer sarrasine. De là partaient des pirates aventureux pour écumer le golfe du *Lion* ou la côte des *Ligures*. Leurs invasions ne prirent fin qu'au xe siècle, grâce à une véritable croisade dirigée par Guilhem Ier, comte de Provence.

Le petit port de Saint-Tropez, isolé de toute communication sur terre par le massif des Maures, ne peut avoir aucune importance. Il est vraiment dommage que l'accès de cette région ne soit facile que par mer, car le golfe (2) est une véritable terre promise de l'Orient ; « comme dans

---

(1) Ce nom de Fraxinet ou de Freinet (*Fraxinctum*, *frêne*) rappelle les anciens bois qui couvraient les chaînes des Maures ; il était généralement employé pour désigner toute la partie supérieure de la contrée.

(2) Le golfe de Saint-Tropez est aussi appelé golfe de Grimaud, du nom d'un certain Jean Grimaldi dont la conduite valeureuse contre les Sarrasins fut récompensée par la donation d'un petit fief au fond du golfe.

certaines vallées fertiles et tempérées de l'Asie mineure, les ruisseaux courent entre deux haies de lauriers-roses aussi serrées que les oseraies du grand Rhône. »

Les orangers, les citronniers, vivent en pleine terre ; les arbres à cédrats y produisent des fruits d'un volume extraordinaire ; les palmiers eux-mêmes ne se contentent pas de projeter leurs tiges élégantes et donnent quelquefois des dattes aussi savoureuses que celles des oasis de l'Afrique et de la Syrie... « c'est la *Provence* de la *Provence*, a-t-on pu dire avec raison, et cette charmante définition est la plus fidèle peinture et le plus bel éloge qu'on puisse faire de ce pays sans pareil (1). »

A l'extrémité nord-est, et en face du golfe de *Grimaud*, se trouve le golfe de *Fréjus*.

Fréjus, l'ancien pays des Ligures Oxybes, étouffé aujourd'hui par les alluvions de l'*Argens*, n'est plus qu'une ville morte avec ses grandes ruines du *théâtre antique*, des *thermes*, son *aqueduc* et les débris épars des *quais* et des *bassins*. Les sables ont englouti le port.

Marseille, ayant déplu à César parce qu'elle avait soutenu le parti de Pompée, vit s'élever à côté d'elle et pour éclipser sa puissance, *Forum Julii*, le *Forum de Jules*, d'où *Fréjuls* et *Fréjus*.

Le port de *Fréjus* a été peu à peu comblé par les atterrissements de l'*Argens*, aux eaux troubles et blan-

(1) Lenthéric (*La Provence maritime*).

ches (1), et qui roule vers la mer une grande quantité de sable et de limon. Ce cours d'eau n'a pour tributaire quelque peu important que la Nartuby, qui passe à Draguignan. — « Comme Ravenne, Ostie, Narbonne et Aigues-Mortes, le port de César a subi la loi fatale de l'envasement. Une plaine basse et marécageuse le sépare à jamais de la mer (2), et le seul avenir qui reste à la pauvre bourgade est de cultiver quelques jardins à la place même où, dix-huit siècles auparavant, venaient mouiller les trois cents galères conquises par Octave à la bataille d'Actium. »

Au nord-est de la baie de Fréjus et au pied de l'*Esterel*, se trouve le petit port de *Saint-Raphaël*, situé en dehors de la zone d'atterrissement. De tous côtés, les rochers aigus de porphyre rouge percent le sombre feuillage des chênes-liège et des pins. La côte, bordée d'écueils, se développe en dessinant une falaise tourmentée couverte de chênes verts.

La chaîne de l'*Esterel* (3) sépare le golfe de *Fréjus* de la plage de *Cannes*. Sa constitution géologique diffère de celle de toutes les autres montagnes littorales de la côte de Provence. Elle est formée de roches éruptives ; ses plus hauts sommets ne dépassent pas 600 mètres, mais

---

(1) D'où son nom de *Argenteum Flumen*, fleuve argenté (Pline).

(2) L'ancien port de Fréjus est éloigné aujourd'hui de 2 kilomètres du rivage.

(3) Ce nom doit être vraisemblablement attribué à une ancienne tribu ligurienne, les Sueltères.

toutes les arêtes en sont aiguës, d'un rouge vif presque ardent, les crêtes sont dénudées et sauvages ; la falaise, abrupte et dentelée, se dresse du côté de la mer comme une fortification inaccessible défendue par un archipel d'ilots et d'écueils de porphyre presque poli sur lesquels la mer déferle depuis plusieurs centaines de siècles sans avoir pu produire encore des traces d'érosions géologiquement appréciables : c'est essentiellement une côte fixe... pays montagneux, âpre et désert, manquant de sol végétal, couvert d'épaisses forêts (1) de chênes-liège et de chênes verts.

Comme les gorges d'Ollioules, près de Toulon, l'*Esterel* a été longtemps le refuge des malfaiteurs qui infestaient la côte depuis Marseille jusqu'au Var (2) et des forçats qui s'échappaient des galères de Toulon. Il ne mérite plus aujourd'hui cette mauvaise réputation. Aussi il est à désirer qu'il soit plus fréquenté par le géologue, le botaniste et l'artiste, qui y trouveraient une ample moisson. On n'y trouve qu'un seul village, appelé l'*Esterel* (3), au point culminant de la grande route de Toulon en Italie.

La côte abrupte de ce massif possède un excellent

---

(1) Les magnifiques bois de pins et de chênes de l'Esterel ont bien souffert du grand incendie que Charles-Quint fit allumer pour se débarrasser des paysans qui le harcelaient. Aujourd'hui encore, le feu est le grand ennemi de ces forêts résineuses si facilement inflammables.

(2) Voir Millin et Saussure.

(3) Il fut créé à la fin du dernier siècle, comme poste militaire uniquement destiné à la surveillance.

mouillage, la rade d'*Agay*, et le plus beau promontoire de tout le littoral, le cap *Roux*, aux aiguilles de porphyre dressées verticalement sur la mer, qui renferme une grotte ou *Sainte-Baume* (1), rappelant le souvenir de saint Honorat.

Après être sorti des défilés de l'Esterel, qui se dresse sur la mer comme un mur de porphyre, le train débouche tout à coup dans la riante et fleurie baie de *Napoule*, où finit la Provence proprement dite.

Tout au fond, à l'est, se dessine la magnifique plage elliptique de *Cannes*, qui dépasse Nice, par la splendeur de ses hôtels et de ses villas, et Naples, par la douceur de son climat.

Il y a un siècle, *Cannes* n'était qu'un hameau misérable. C'est à un Anglais, *lord Brougham*, qu'elle doit sa prospérité. Le noble lord, allant passer l'hiver en Italie, s'arrêta par hasard sur cette plage et, séduit par la beauté du site et la douceur du climat, y fixa sa résidence d'hiver en 1831. L'élan était donné et, depuis lors, *Cannes* est devenu de jour en jour davantage, le rendez-vous d'hiver des riches familles russes, américaines et anglaises.

L'égalité de son climat y rend possible toute la végétation, depuis les orangers, les citronniers, les palmiers dans les plaines, les pins parasols sur les coteaux et les pins nains

(1) Ne pas confondre cette Sainte-Baume avec la grotte célèbre du même nom, située à la naissance de la vallée de l'Huveaune et qui, d'après la grande tradition chrétienne de la Provence, fut la retraite de sainte Madeleine.

du Nord sur les sommets élevés qui avoisinent les Alpes.

Cannes est le port naturel de la vallée de la *Siagne*. C'est là que viennent aboutir tous les produits agricoles et industriels récoltés et fabriqués dans la ville de *Grasse*, qui semble être la patrie des fleurs et des parfums. Ses forêts d'oliviers fournissent l'huile la plus fine et la plus moelleuse de la Provence, et ses bosquets d'orangers et de citronniers donnent à la fois des fleurs en abondance et des fruits en pleine maturité. Dans la campagne, les rosiers, les jasmins, la menthe, l'héliotrope, les violettes de Parme, les résédas, sont cultivés sur de grandes surfaces, comme on fait ailleurs pour les plantes potagères les plus usuelles. La transformation de ces produits naturels en parfumerie est devenue la grande industrie de la région, et le voisinage des *Alpes* permet d'ajouter à cette flore, pour ainsi dire domestique, l'exploitation d'une foule de fleurs et de plantes sauvages, le thym, la lavande, le romarin, que l'on peut recueillir à peu de distance sur les hauteurs.

En face du golfe de *Cannes*, terminé par le cap de la *Croisette*, à une demi-lieue environ, se trouve l'archipel des *Lérins*, formé de deux îles principales et d'un nombre considérable de rochers. La grande île s'appelle *Sainte-Marguerite*. Construit par Richelieu, son fort, qui a joué autrefois un rôle militaire de premier ordre, n'est plus aujourd'hui qu'une caserne. Il a été souvent utilisé comme pénitencier militaire ou comme prison d'État. Deux prisonniers célèbres y ont séjourné : d'abord ce mystérieux personnage « le masque de fer », que la légende a fait passer longtemps pour le frère de Louis XIV (1), et, de nos jours, le triste maréchal Bazaine, le traître de Metz.

Au sud de l'île Sainte-Marguerite, et séparée par un bras de mer, se trouve l'île *Saint-Honorat*, du nom du moine fondateur de ce cloître célèbre de *Lérins*, qui devint, du IV° au VI° siècle, un sanctuaire d'études et une retraite aussi célèbre que les couvents du mont *Athos* en Orient et du mont *Cassin* en Italie.

Lérins fut une véritable pépinière de docteurs, d'érudits, de saints et de martyrs (2). Elle eut fort à souffrir des invasions sarrasines. Au x° siècle, le couvent se transforma en citadelle, et de là date sa décadence.

Le golfe de *Napoule* est séparé par le cap de la *Croisette* du golfe *Jouan*, qui n'est qu'une station de relâche. Napoléon y débarqua en 1814, en revenant de l'île d'Elbe. Il est limité à l'est par le promontoire de la *Garoupe* ou d'*Antibes*, admirable de végétation luxuriante, moitié italienne, moitié africaine (3).

La petite ville d'*Antibes* est bâtie au point de jonction

---

(1) D'après un autre contemporain, le Masque de fer n'est autre que le comte Hercule-Antonin Mathioli, ministre du duc de Mantoue.

(2) Il faut citer saint Loup, évêque de Troyes, saint Patrick, l'apôtre de l'Irlande, Salvien, etc.

(3) On retrouve cette végétation dans tous les abris de la côte, depuis Toulon jusqu'en Italie.

du promontoire avec le continent; à 18 kilomètres au nord se trouve l'embouchure du Var, qui était la limite de la France du côté de l'Italie avant l'annexion du comté de Nice.

Ce fleuve, qui est plutôt un grand torrent comme la Durance, est arrêté, dans ses divagations (1) par deux digues insubmersibles de 33 kilomètres qui ont fait peu à peu disparaître les marécages de ses bords.

II. — Côte occidentale (de Marseille au « Gard »).

La côte occidentale de la Provence s'étend du golfe de Marseille à la limite du département du Gard. Elle comprend le promontoire de l'*Estaque*, l'étang de *Berre*, le golfe de *Fos* et le delta du Rhône qui enferme l'île de la Camargue.

Le golfe de Marseille, orienté vers l'ouest, se développe circulairement entre le cap *Couronne* qui termine la chaîne de l'*Estaque* et le cap *Croisette*, promontoire méridional de la chaîne de *Carpiagne*; il est parsemé d'îles et d'îlots; trois d'entre eux sont remarquables : *Ratonneau*, où se trouvent la quarantaine et le lazaret destinés à recevoir les navires qui viennent des contrées contaminées par la peste, le choléra et la fièvre jaune;

---

(1) Tous les torrents alpins, un peu importants, divaguent, à la partie inférieure de leur cours, sur un lit plat, très large, dont ils n'occupent qu'une très petite partie. La Durance est un modèle du genre. C'est ainsi que se forment les immenses plages de cailloux appelées *craus*.

Pomègue (1), et le rocher du *Château-d'If*, avec son château, bâti par *François I*ᵉʳ, qui servit de prison d'État. *Mirabeau* y fut enfermé par l'ordre de son père. De nos jours, *Alexandre Dumas* a rendu célèbre

LE CHÂTEAU-D'IF

le *Château-d'If*, dans son roman de *Monte-Christo*.

Le bassin de Marseille ne reçoit qu'un petit cours d'eau, la fraîche et riante *Huveaune*, qui, descendue des

(1) On appelle port du *Frioul* les ports de Ratonneau et de Pomègue.

montagnes de *Gémenos*, passe à *Aubagne*, la patrie du poète *Barthélemy* et vient déboucher dans la plage du *Prado*.

En suivant la côte et après avoir dépassé les vastes ports neufs de Marseille, on voit deux promontoires s'avancer dans le golfe : le cap *Pinède* et le cap *Janet*. C'est dans l'anse comprise entre ces deux caps (anse de la Madrague) et qui vient d'être comblée, que l'on doit bâtir le nouvel abattoir et le marché aux bestiaux de Marseille.

On arrive ensuite dans la riante vallée de *Séon*, où sont bâtis les villages de *Séon-Saint-André* et de *Séon-Saint-Henry*. Des villas magnifiques, des campagnes luxuriantes y côtoient des terrains arides, argileux, d'où l'on tire la matière première nécessaire pour la confection des tuiles, moellons, carreaux, etc... que l'on fabrique dans les tuileries de Saint-André et de Saint-Henry.

Un quartier très important s'est formé sur le plateau de la colline qui ferme au nord la vallée de Séon, l'*Estaque-gare*, à la suite de la construction du chemin de fer.

C'est non loin de la gare de l'Estaque (à un kilomètre environ) que débouche le tunnel de la *Nerthe*, le plus long de France après celui du *Mont-Cenis*. Il mesure 4,638 mètres de long et 10 mètres de haut ; il est aéré par vingt-quatre puits dont la profondeur varie de 20 à 185 mètres ; il a coûté 10,200,000 francs.

Au fond du golfe de Marseille, au bas de la côte de l'Estaque-gare, se trouve le petit village de pêcheurs de l'*Estaque*, où les Marseillais vont manger la *bouillabaisse*, comme ils vont à la *Pomme* (banlieue de Marseille) manger les *paquets* (1).

La côte, dès que l'on quitte l'*Estaque*, contourne brusquement et va, en ligne droite, jusqu'au cap *Couronne*. Elle est rocheuse, nue, offrant de temps à autre des abris contre le mistral seulement. Si c'est, au contraire, le vent du sud qui souffle, les vagues atteignent des hauteurs incroyables et les navires qui, par malheur, ne pouvant entrer dans le port de Marseille, veulent trouver un abri dans ces parages, sont anéantis sur les rochers de la côte.

C'est dans cette contrée que l'on pêche les meilleurs thons, avec les *madragues* (2).

La *madrague* reste à la mer de trois à quatre mois par an. L'armement se compose de quatre bateaux, jaugeant l'un 8 tonnes et les autres 3 tonnes. Elle compte quatorze hommes d'équipage, savoir : un patron ou *raïl* de madrague, qui gagne 60 francs par mois, plus le 2 p. 100 de la pêche, un *patron* de madrague ou *porte-poissons*, qui a 60 francs par mois, et douze matelots

---

(1) Les paquets sont un ensemble de tripes (peau des organes digestifs) de mouton, qui enveloppent de la viande hachée, assaisonnée d'ail et de persil. Chaque paquet a la grosseur d'un poing d'enfant.

(2) Madrague vient de deux mots grecs : *mandra* (enclos) et *ago* (amener dans). Une madrague est une vaste enceinte d'eau composée de très grands filets ayant quelquefois plusieurs kilomètres de développement, partagée par d'autres filets en plusieurs cloisons, et que les pêcheurs disposent avec beaucoup d'art le long des côtes pour la pêche du thon.

payés à raison de 35 francs par mois, plus une partie de la pêche ; cela dépend de la générosité du raïl de la madrague.

Parmi les petits ports de pêche que l'on peut citer sur cette côte sont : *Niolon*, près duquel se trouvent les batteries de *Niolon* et de *Haut-Niolon* (1) ; *Carry-le-Rouet* et *Sausset*, dans le territoire desquels se trouve la belle forêt de pins de *Carry* ; enfin, *Carro* qui est le port de la *Couronne*, perché sur le cap de ce nom.

La côte tourne à l'ouest jusqu'au fort de *Bouc* ; en face, de l'autre côté du *canal* ou *étang de Caronte*, est bâti *Port-de-Bouc* (divisé en deux : Port-de-Bouc et les Léques), village de pêcheurs assez commerçant, à cause de sa situation à la sortie du canal de navigation, dit d'Arles à Bouc.

De *Port-de-Bouc* à *Martigues*, l'étang de *Caronte* sert à faire communiquer l'étang de Berre à la Méditerranée.

Le canal d'Arles à Bouc prend naissance à Arles, suit la rive gauche du Rhône, traverse les marais de *Fos* (*Fossæ Marianæ*) et débouche dans l'étang de Caronte à Port-de-Bouc. La longueur de ce canal est de 47 kilom. 4 ; il a été construit afin d'éviter la navigation périlleuse du bas Rhône.

La côte du golfe de Fos est marécageuse ; on ne rencontre que *Port-Saint-Louis-du-Rhône*, dont l'impor-

(1) Entre l'Estaque et Niolon, se trouve la batterie de La Corbière.

tance maritime grandit depuis 1882 et qui est relié au Rhône par le canal de *Saint-Louis*.

L'étang de *Berre* est un véritable golfe, une petite mer qui pourrait être un port de refuge et de commerce.

Sa non-utilisation, dit Élisée Reclus, est une sorte de scandale économique. Il semble incompréhensible que de si admirables bassins soient absolument déserts depuis quinze siècles, car les Romains y avaient un port. L'étang de Berre est un mouillage de très bonne tenue, offrant aux navires du plus fort tirant d'eau de 5 à 6,000 hectares de superficie, soit environ sept fois l'étendue de la rade de Toulon. La superficie totale du bassin est de 20,000 hectares. Malheureusement, l'accès est difficile et impraticable pour de gros vaisseaux. Il faudrait draguer jusqu'à une profondeur suffisante le chenal de *Caronte*, qui réunit le lac à la mer, et creuser un canal au-dessous des collines de Châteauneuf qui séparent l'étang de la baie de Marseille. Si ces travaux s'accomplissaient, l'étang de Berre pourrait servir d'entrepôt pour les marchandises qui encombrent de plus en plus le port de Marseille. Ce serait une véritable annexe. Une raison de plus pour la transformation de l'étang en un grand port, c'est que les navires, en cas de guerre, y seraient hors de toute atteinte. Depuis les progrès de l'artillerie, les meilleurs ports sont les ports intérieurs.

L'étang de Berre reçoit deux petits affluents : la *Tou-*

loubre, qui a son confluent près de *Saint-Chamas*, et l'*Arc*, qui arrose la plaine d'Aix, passe sous l'aqueduc de Roquefavour et se jette dans l'étang, après un cours de 80 kilomètres.

Les embouchures du Rhône marquent la limite orientale du golfe du *Lion* et séparent la côte languedocienne de la côte provençale. Ce nom vient probablement des anciens riverains, *Ligures* ou *Ligyens*. Toutefois, l'étymologie est incertaine.

La *Camargue* est le delta triangulaire compris entre les deux branches du *Rhône*. Cette île a une étendue de 75,000 hectares, dont le quart environ est livré à la culture. Cette région est célèbre dans tout le Midi par l'étrangeté de ses aspects. La découverte de ruines romaines prouve bien qu'elle n'était pas, comme aujourd'hui, abandonnée ; c'était l'époque où le *Rhône* pouvait s'épancher librement sur les terres riveraines et chasser ainsi vers la mer le trop-plein de ses alluvions. Quand les eaux laissaient émerger le sol, elles s'écoulaient par des canaux naturels, en renouvelant les terres. A cette époque, *Aigues-Mortes* et *Saintes-Maries* étaient des ports de mer florissants, et Arles, la métropole des Gaules, avait un véritable port intérieur.

Depuis des siècles, la Camargue est défendue par de hautes digues contre les invasions du Rhône. Ainsi les eaux sont retenues en funestes marécages et l'agriculture souffre de ce manque de nouvelles alluvions que le fleuve a portées.

Le long du delta du Rhône, l'épais bourrelet de limon est d'une grande fertilité; mais quand on pénètre dans l'intérieur de l'île, le spectacle change. Au centre est un immense étang, le *Valcarès*, ou plutôt *Vaccarès*, à cause des vaches qui paissent les herbes salines de ses rivages. « Tout vert d'herbe fine veloutée, il étale une flore originale et charmante : des centaurées, des trèfles d'eau, des gentianes, et ces jolies *saladelles*, bleues en hiver, rouges en été, qui transforment leur couleur aux changements d'atmosphère, et, dans une floraison ininterrompue, marquent les saisons de leurs tons divers (1). »

Cette nappe d'eau de trois lieues d'étendue est solitaire. Pas une barque, pas une voile. Seuls viennent s'y baigner les chevaux et les taureaux des *manades*, poussés par leurs *gardians*.

Çà et là quelques landes sablonneuses ou de sombres pinèdes (bois de pins) coupant cette plaine verdâtre, à demi liquide.

Tout, dans la Camargue, montre l'action puissante de la nature en travail. Les dépôts de la mer et ceux du fleuve y sont sans cesse mêlés et confondus.

Pendant l'hiver, les étangs, grossis par la pluie, inondent la plaine et vont se joindre à la mer; pendant

(1) A. Daudet.

LA CAMARGUE.

l'été, ce ne sont plus que des flaques d'eau stagnantes dont les miasmes délétères engendrent les fièvres malignes.

Le Rhône et la Méditerranée semblent se disputer ce pays; mais le fleuve est contenu, tandis que la mer est libre; elle bat sans relâche ses côtes basses et sablonneuses, et son passage se trahit partout : algues séchées, lambeaux de varechs sur le tronc résineux des pins, efflorescences salines, et, trop souvent, exhalaisons malsaines.

La flore de ce pays est très remarquable : saules, peupliers, ormeaux, aubes (1), y deviennent très beaux ; mais les sables limoneux et salins donnent à certaines plantes je ne sais quoi de lourd et de glauque. On remarque à la surface des marais des champs de joncs et de roseaux (rozelières); dans les landes, de larges touffes de salicors, au branchage rouge ; au bord de la mer, des tamaris « qui courbent vers les flots leur pâle chevelure » ; enfin, sur le sable des plages, de sombres pinèdes battues par les vents.

Ces prairies paludéennes ou rozelières produisent des *sagnes* (joncs) et des *rollots* (roseaux) qui servent à la nourriture des bestiaux, à la toiture et aux cloisons des *mas* (chaumières), à la fabrication des chaises et d'immenses paillassons destinés à garantir de la pluie les *camelles* (tas de sel) et à préserver des efflores-

(1) Les aubes ressemblent aux trembles argentés.

cences salines les terres nouvellement ensemencées.

Au point de vue de la faune, la Camargue présente une bien curieuse originalité. Nulle partie de la France n'est plus riche en oiseaux de natures diverses, précisément parce que l'homme ne vient pas les troubler. On y trouve jusqu'à des flamants roses qui font songer au delta du Nil.

Les moustiques et les sauterelles jaunes sont malheureusement, à certaines époques de l'année, une plaie dont on ne peut se débarrasser.

Des *manades* de chevaux et de bœufs sauvages sont établies le long du Vaccarès et des étangs qui longent la mer. Les taureaux sauvages ou *palusins* (1) sont d'un noir d'ébène, trapus, plus petits que nos bœufs ; leurs cornes sont plantées verticalement, avec une légère courbure en forme de croissant ; ils sont destinés aux *courses de taureaux*, aux *ferrades*, dont les habitants de la Provence et du bas Languedoc sont enthousiastes.

Les chevaux, appelés *aigues* (2) ou *camargues*, sont les rejetons des chevaux arabes que les Sarrasins laissèrent dans ces contrées. Ils sont blancs, vifs, ombrageux, difficiles à ferrer, parce que la corne de leurs sabots s'altère de bonne heure dans l'eau des marais. On dresse pour la selle ceux qui ont de la race, les autres sont

(1) De *palus*, marais
(2) Veut dire *eaux*.

employés au dépiquage du blé dans les plaines du bas Languedoc.

On compte, dans la Camargue, cinq cent une maisons et environ 2,600 habitants disséminés. La population est digne du pays ; elle est trempée pour la lutte hardie avec le *gardian* (1) et pour la lutte patiente avec le *saunier* (2).

---

(1) Le *gardian* est le pasteur de ces troupeaux sauvages. Armé d'un trident de fer, vêtu d'une blouse de peau, les jambes nues, monté sur sa blanche cavale, il est le roi de la Camargue.

(2) Le *saunier* recueille le sel provenant des marais. — Il est enfermé l'hiver dans une masure ; l'été, il devient le chef d'une armée de travailleurs.

CONSTITUTION DU SOL

La *Provence* se rattache orographiquement au système des *Alpes*, sauf en ce qui concerne les massifs des *Maures* et de l'*Esterel*, qui ressemblent plutôt aux montagnes de la *Corse* ou à celles de l'*Atlas* septentrional.

« Des géologues et des naturalistes, dit Élisée Reclus, frappés par la grande analogie des climats, des roches, de la faune et de la flore, ont pu dire avec raison que le littoral du sud de la Provence et celui du nord de l'Atlas constituent, avec les côtes méridionales de l'Espagne, une partie du monde distincte, intermédiaire entre l'Europe et l'Afrique. »

La chaîne des *Maures* s'étend depuis la rade d'*Hyères* jusqu'au golfe de *Fréjus*. Elle est ainsi appelée du nom des Maures ou Sarrasins qui s'y établirent en conquérants aux IXe et Xe siècles, et s'en firent une citadelle d'attaque contre les contrées environnantes.

Le principal sommet est celui de la *Sauvette* ou de *Notre-Dame-des-Anges* (780 mètres), qui domine la petite ville de Collobrières.

Le sol est granitique, aux roches grises et pailletées de mica étincelant au soleil; il est revêtu d'une splendide végétation forestière qui rappelle les forêts du Nord, pins, chênes verts, chênes-liège, châtaigniers superbes, dont les fruits sont connus, dans une grande partie de la France, sous le nom de marrons de Lyon.

Au centre de ce massif, malheureusement isolé et d'accès difficile, se trouvent les deux bourgades de *Collobrières* et de la *Garde-Frainet*. *Collobrières* a 2,000 habitants environ; elle exploite ses forêts de chênes-liège et fabrique des bouchons. La *Garde-Frainet* a quelques centaines d'habitants de plus. Admirablement située sur un col entre deux montagnes, elle commande le passage. Cette position stratégique la fit choisir par les Sarrasins conquérants du IXe siècle. Ceux-ci construisirent une forteresse d'où ils planaient sur toutes les vallées voisines. « Le château de *Fraxinet* (1), qui passait pour imprenable et dans lequel les étrangers entassaient leur butin avant de l'expédier en

---

(1) La Garde-Frainet était jadis *Fraxinet*, *Fraxinctum*; ce mot est dérivé du latin *fraxinus*, *frêne*, probablement à cause des frênes qui se trouvaient dans la région.

Afrique par le golfe de Saint-Tropez, devint tellement célèbre sur le littoral de la Méditerranée qu'on donna le même nom à toutes les forteresses élevées par les Sarrasins dans les Alpes méridionales et sur les côtes de la Ligurie. »

Les vallées des Maures, avec leurs plants de vigne et d'oliviers, leurs plantes odoriférantes, leurs arbres fruitiers et leurs arbustes à fleurs, sont la Provence de la Provence.

Le littoral, trop peu connu, est admirable avec sa belle rade de *Bormes,* son cap *Nègret,* le vaste demi-cercle de la baie *Cavalaire* et surtout celle de *Saint-Tropez* (véritable terre promise qui porte au plus haut degré le cachet de l'Orient).

En face des montagnes des Maures, de l'autre côté du golfe de *Fréjus,* se dresse le petit massif de l'*Esterel.* Jumeau des Maures, et, comme celui-ci, complètement indépendant des Alpes, il n'est pas resté cependant isolé. Traversé par une route qui date des Romains, la voie *aurélienne,* il est, en outre, contourné au sud par la ligne de chemin de fer de France en Italie.

Le plus haut sommet est le mont *Vinaigre* (616 mètres), dont la croupe dénudée se dresse au-dessus des bois de pins et de chênes-liège, encore nombreux dans l'*Esterel* (1), malgré les ravages exercés, à plusieurs reprises, par de terribles incendies.

(1) Superficie, 300 kilomètres carrés; hauteur moyenne, 600 mètres.

Les promontoires de porphyre et de grès rouge sont d'une incomparable beauté; « le contraste des eaux bleues et de la roche qui semble flamboyer au soleil à travers la verdure est d'un prodigieux effet. Le cap Roux, dont les escarpements couleur de braise se profilent à l'angle de la montagne, est un des spectacles les plus grandioses de la Méditerranée. » On ne trouve dans ce massif désert que quelques rares hameaux, entre autres l'*Esterel*, ancien poste militaire dont le château sert de résidence à une brigade de gendarmerie.

Les autres chaines de montagnes de la Provence, situées entre les montagnes des Maures et de l'Esterel, au sud, et la Durance et les plaines du Rhône, au nord, sont composées de roches calcaires qui les rapprochent du système des Alpes. Telles sont les chaines de la *Sainte-Baume*, de l'*Estaque*, de l'*Étoile*, les monts de *Sainte-Victoire*, etc...

La *Sainte-Baume* est l'objet de fréquentes excursions de la part des touristes et des pèlerins. Elle est située entre Marseille et Brignoles (Var) (1) : sa flore est très belle et très variée. « il semble que le Nord et le Midi se sont donné rendez-vous et étalent à l'envi leurs richesses. » Il y a de magnifiques forêts de hêtres, dont quelques-uns offrent un aspect véritablement majestueux avec leurs branches revêtues de lichen. La chaine tout entière est

---

(1) Le mont Bretagne est le sommet avancé de la chaîne du côté de Marseille.

dominée par un piton de rochers, le *Saint-Pilon* (1,000 mètres), sur lequel on voit les ruines d'une chapelle. Au pied, se trouve le couvent de la *Sainte-Baume*, à côté duquel est creusée la grotte de Sainte-Madeleine.

Suivant la tradition, sainte Madeleine, après son arrivée en Camargue avec saint Lazare, sainte Marthe et deux autres saintes, abandonna les siens et vint se réfugier dans la grotte alors abandonnée. Ce lieu devint l'objet d'un célèbre pèlerinage. Huit papes et dix-huit souverains vinrent y faire leurs dévotions. Depuis le XIXe siècle, les frères Prêcheurs ou Dominicains ont fondé un couvent aux environs de la grotte. Le pèlerinage de la Sainte-Baume est encore aujourd'hui en honneur.

La chaîne de l'*Estaque*, située entre l'étang de *Berre* et la mer, et dont les flancs renferment le tunnel de la *Nerthe*, qui fait communiquer Marseille avec la vallée du Rhône, se continue à l'est par la chaîne de l'*Étoile* et par les collines de *Trets* et de *Saint-Maximin*; celle-ci présente le mont *Olympe*, qui a 794 mètres.

D'autres chaînes, le *Cengle*, le mont *Sainte-Victoire* (1,001 mètres), le *Sambuc*, se développent, parallèlement aux précédentes, au nord de la vallée de l'Arc, dont le bassin servit de théâtre à la guerre de Marius contre les Teutons. Près de la source de cette rivière se trouve le village de *Pourrières* (campi putridi), un nom significatif.

Toutes ces chaînes, inclinées du sud-ouest au nord-est, sont parallèles aux massifs granitiques des *Maures* et de l'*Esterel*. Elles se relient à des chaînons montagneux qui font partie du système des *Alpes*. Ainsi les collines de la *Trévaresse* servent de point de soudure entre ces chaînes et les charmantes *Alpilles* (492 mètres), gracieusement dentelées. Celles-ci ne sont que la continuation de la chaîne du *Léberon* (Vaucluse), les érosions de la Durance les ont séparées. La petite ville d'*Orgon* se trouve à la coupure.

A l'extrémité orientale des monts de Provence, les chaînes plus ou moins parallèles qui se prolongent à l'est vers le Var sont aussi des ramifications des grandes *Alpes*. A l'est du Var, ce sont les Alpes elles-mêmes qui viennent jusqu'à la mer.

Au nord, dans les Basses-Alpes, les divers chaînons calcaires qui s'étendent sur la rive droite de la Durance sont coupés en maints endroits de formidables défilés ou *clus*, d'un aspect effrayant. Les *clus* du *Verdon*, en avant de *Castellane*, sont faits pour exciter l'étonnement; le *Verdon* coule au fond d'une véritable coupure d'un demi-kilomètre de profondeur, « il n'est guère d'exemples plus remarquables sur la terre d'entailles pratiquées par les eaux dans l'épaisseur des roches. » (Élisée Reclus.)

Sur la rive gauche du *Rhône*, non loin de son confluent avec la *Durance*, se trouve une série de chaînons qui ressemblent, comme constitution et comme aspect, aux montagnes *dauphinoises* du *Vercors* et du *Dévoluys*. C'est d'abord, entre *Sisteron* et *Forcalquier*, le massif uniforme de *Lure*, au pied duquel jaillissent, à la fonte des neiges, un grand nombre de fontaines appelées *sorgues*, relié par un chainon transversal au massif du Léberon, « aux flancs rougeâtres, offrant çà et là de maigres taillis. Sur ces montagnes, la diversité de résistance qu'offrent les assises aux agents atmosphériques a été cause que certaines roches ont pris l'aspect le plus bizarre. A trois kilomètres au nord de Forcalquier, un plateau est couvert, sur un espace d'environ un kilomètre, de grands rochers ressemblant vaguement, vus de loin, à une armée de géants à têtes énormes : ces rochers sont appelés *leïs moure* dans le pays. » (Élisée Reclus.)

A l'ouest de la montagne de *Lure*, vers le *Rhône*, dominant la riche plaine de *Carpentras*, se dresse le superbe *Ventoux*, bien nommé « à cause des vents qui en descendent pour balayer les plaines avoisinantes. Cette cime avancée, à l'énorme base toute ruisselante de sources et de verdure, est l'une des plus fameuses des *Alpes*, grâce à son isolement, à la majesté de son aspect, à l'immensité de l'espace qu'elle domine. Comme le *Canigou* et l'*Etna*, on la voit dessiner son profil régulier sur tout un côté de l'horizon et, quoique beaucoup moins haute que ces deux montagnes, elle est d'une apparence à peine moins grandiose. » (Élisée Reclus.)

Le mont *Ventoux* ou *Ventour* (en provençal) a 1,219 mètres de hauteur ; c'est le sommet le plus occidental des Alpes. Pétrarque, qui en fit l'ascension en 1336, nous apprend que cette montagne était de son temps très boisée. Aujourd'hui, ses flancs, dans leur partie supérieure, sont pelés et nus ; mais depuis quelques années l'œuvre du reboisement s'y poursuit avec beaucoup de zèle, ainsi que dans le Léberon, grâce à la plantation des chênes truffiers. « Les terres où prospèrent les chênes truffiers sont précisément les pentes caillouteuses et les sols argilo-calcaires presque stériles et n'offrant aux moutons qu'un maigre pâturage. Grâce à la truffe, l'aspect de la contrée se modifie d'année en année, les montagnes reprennent leur parure d'arbres, et l'effet de ces changements se fait graduellement sentir dans le régime des eaux et du climat ; là est le grand progrès. L'intérêt immédiat bien compris par le cultivateur fait plus que la crainte des inondations et que toutes les lois de reboisement pour rendre au domaine de l'homme les solitudes pierreuses des montagnes de Vaucluse et des Basses-Alpes encore d'apparence si désolée. » (Élisée Reclus.)

Du sommet du *Ventoux*, la vue est grandiose et superbe, et plane sur un océan de montagnes. Jusqu'aux cimes neigeuses du mont *Blanc* et du *Pelvoux* au nord ; au sud-est, jusqu'aux chaines bleues des *Alpes-Maritimes* qui vont mourir vers Nice. Plus près au sud, se dressent le *Léberon* aux flancs rougeâtres, les *Alpilles* qui ressemblent à une scie colossale et, au delà de la plaine d'Arles, à l'horizon, la mer apparait comme une ligne brillante ; à l'ouest, se découvrent les *Cévennes*, le plateau de *Lozère*, hérissé de pics ; le long du Rhône, les monts du *Vivarais* avec les sommets imposants du *Mézenc* et du *Gerbier-des-Joncs*; enfin, au sud-ouest, les *Pyrénées*, dressant, par un temps clair, leur muraille crénelée.

Cette situation exceptionnelle du mont Ventoux désignait son sommet pour l'installation d'un observatoire météorologique : grâce à l'initiative de la commission météorologique de Vaucluse, la première pierre de l'édifice a été posée le 16 mai 1882.

LES COURS D'EAU

LE RHONE

Le *Rhône*, dans sa partie inférieure, limite à l'ouest l'ancienne terre de Provence, qu'il sépare du Languedoc. C'est le fleuve d'Europe qui a la plus grande vitesse.

Michelet le compare à un taureau furieux descendu des Alpes et qui court à la mer; il s'est frayé intrépidement un chemin à travers tous les obstacles, roulant depuis les montagnes de Suisse des galets et des graviers, qu'il triture en chemin et réduit à l'état de sable et de limon.

Un peu au-dessus d'Arles (à *Fourques*), le Rhône se divise en deux bras (1) qui forment l'immense delta de la

(1) Le Rhône aurait eu jusqu'à sept bouches. Le cours inférieur du Rhône est soumis, encore aujourd'hui, à des variations telles que cette opinion n'a rien qui doive étonner. Le grand bras actuel du Rhône n'existe que depuis cent cinquante ans à peine, et nous sommes peut-être à la veille de voir ce bras abandonné.

Camargue, couvert de marais, de steppes et de terrains en partie cultivés, en partie livrés à la vaine pâture.

Le *petit* Rhône, à droite, passe à *Saint-Gilles* et débouche aux *Saintes-Maries;* le *grand* Rhône, à gauche, passe à *Arles*, qu'il sépare de son faubourg de *Trinquetaille*, et débouche à huit kilomètres en aval du port de *Saint-Louis*. C'est le seul bras important.

Comme nous l'avons vu, les alluvions du Rhône viennent former une barre à l'entrée, qui, ne pouvant être refoulée par la marée insignifiante de la Méditerranée, vient empêcher l'accès du côté de la mer. Pour obvier à ce grave inconvénient, on a creusé, en 1863, un canal artificiel de grande navigation dont la profondeur de 6 mètres permet aux navires d'aller directement de la mer aux eaux profondes du Rhône et d'éviter les bas-fonds. C'est le *canal de Saint-Louis*, qui, partant à l'est du port, va en droite ligne vers la partie du golfe de Fos appelée l'*Anse du Repos*. Saint-Louis pourrait être un port d'avenir s'il n'était pas si rapproché de Marseille. Il est vrai que les atterrissements du Rhône dans le golfe de Fos menacent de le combler, comme le petit port de Bouc, dans un avenir éloigné.

LA DURANCE

Le grand affluent du Rhône, dans la région provençale, est la *Durance*. Descendue des grandes Alpes, alimentée par les glaciers, elle garde, jusqu'à son confluent avec le Rhône, « des allures de torrent, tour à tour roulant à lui seul autant d'eau que tous les fleuves de France réunis et réduit à d'étroits filets serpentant au milieu de champs de pierres. » La Durance n'est nulle part navigable, mais ses eaux sont précieuses pour l'irrigation. Grâce à elle, les cultures de sa large vallée, au nord du département des Bouches-du-Rhône, qui seraient brûlées par les chaleurs de l'été, sont rafraîchies et entretenues en pleine vigueur. En outre, elle a donné naissance à divers *canaux* artificiels. Le plus important, celui de *Marseille*, œuvre de l'ingénieur *de Montricher*, se détache de la Durance au sud de Pertuis, contourne à l'ouest la chaîne de la Trévaresse et d'Eguilles, traverse la vallée de l'*Arc*, à *Roquefavour*, sur un *aqueduc* « que l'art moderne peut opposer à ce que les constructeurs anciens ont fait de plus grand et de plus beau », et va s'égoutter dans la Méditerranée, après avoir arrosé Marseille et ses jardins.

Un autre canal franchit le pertuis de Lamanon à l'est des Alpilles, c'est le canal de *Craponne*, qui date du XVIᵉ siècle ; il est subdivisé en deux branches, dont l'une va aboutir à Arles en traversant le Crau, et l'autre fertilise les plaines de Salon et d'Istres, jadis arides.

Un troisième canal part d'Orgon et coule au nord de la chaîne des Alpilles, par Saint-Rémy ; enfin, un grand canal d'irrigation se dirige au nord vers *Carpentras* et contribue à vivifier l'admirable verger qui s'étend à la base des âpres montagnes calcaires.

Il faut ajouter à toutes ces rivières d'arrosement l'important canal du *Verdon* qui, parti de *Quinson* (Basses-Alpes), après avoir contourné les montagnes d'Aix, vient déboucher dans la plaine au nord de la ville et s'y ramifier à l'infini.

« Après les *Huertas* de l'Espagne et les plaines de la Lombardie, les campagnes riveraines de la basse Durance sont déjà le territoire le mieux arrosé de l'Europe (1). »

Voilà les bienfaits de la Durance. Malheureusement, il y a à cette médaille un revers (2). Ses crues désastreuses sont une épouvante et quelquefois une ruine pour les pays riverains.

Depuis 1820, de grands travaux d'endiguement ont été exécutés ; toutefois, en 1843, une crue extraordinaire emporta six ponts construits sur divers points. En 1846 et 1872, nouvelles crues. La dernière emporta le pont de Mallemort qui, reconstruit, fut de nouveau endommagé en 1884.

Le remède au mal serait le reboisement et le gazonnement, sur une plus vaste échelle, des versants des vallées supérieures dans les Alpes. « Ce serait là le plus sûr

(1) Élisée Reclus.
(2) La Durance est un des trois fléaux de l'ancien dicton provençal : *Lou parlamèn, lou mistraou et la Durénço* (Le Parlement, le mistral et la Durance).

moyen de régulariser le régime de la Durance et de diminuer l'impétuosité de ses crues en même temps qu'on augmenterait, pendant l'été, le volume de ses eaux, volume qui commence à être insuffisant pour les besoins toujours croissants de l'agriculture. Ce serait également le moyen d'améliorer les conditions climatériques de notre contrée (1). »

Un autre effet bienfaisant de la Durance, c'est de transformer la *Crau* en terre de culture. C'est le moment de parler de cette région curieuse, aux accidents physiques si caractérisés.

LA CRAU

« Entre Marseille et l'embouchure du Rhône, dit *Strabon*, à environ 100 stades (2) de la mer, est une plaine de forme circulaire et de 100 stades de diamètre, à laquelle un événement singulier a fait donner le nom de *champ de cailloux* ; elle est en effet couverte de cailloux gros comme le poing, sous lesquels l'herbe croît en assez grande abondance pour servir de pâturage aux troupeaux. »

Le pays de Crau se subdivise en deux parties : la *grande* Crau, entre les Alpilles, le Rhône, l'étang de

---

(1) Rapport de l'ingénieur Stœcklin, cité par M. J. Mathieu.
(2) Le stade (mesure de longueur chez les Grecs) valait environ 200 mètres.

Berre et la mer, formée par les dépôts du Rhône qu'il a répandus après son confluent avec la Durance, dans les plaines basses envahies en grande partie par les eaux de la mer; et la *petite* Crau, ou *Crau* de Saint-Rémy, produite par la Durance. Toutefois, on applique vulgairement le nom de Crau (1) à la première. Le sol est d'origine essentiellement marine; la Crau a gardé son aspect d'ancien lit de mer.

La *Crau* a sa légende. Suivant Eschyle, Hercule, après avoir délivré Prométhée enchainé sur le Caucase, se rend au jardin des Hespérides; Prométhée lui trace sa route : « Tu arriveras, lui dit-il, dans un lieu battu par Borée, prends garde que la violence de ce vent froid ne te lève de terre... Tu rencontreras le peuple des Ligures; là, malgré ta valeur, tu te trouveras sans défense, car le destin veut que tes flèches soient épuisées, et tu ne trouveras pas même une pierre à lancer contre tes ennemis, le terrain n'en fournit pas; mais Jupiter sera touché, il couvrira le ciel d'épais nuages, et fera pleuvoir une grêle de pierres rondes avec lesquelles tu repousseras l'armée ligurienne. »

De là, est venu le nom de *champ de pierres ou d'Hercule* que portait la Crau dans l'antiquité.

La Crau, si aride autrefois, se transforme et devient peu à peu accessible à l'agriculture. L'honneur en revient

---

(1) Du celtique *craigue*, ou *crague*, qui signifie pierre, rocher; ou du grec *cranaos*, rude, raboteux.

à un gentilhomme provençal, *Adam de Craponne*, né vers 1525, à Salon. Il conçut l'idée de dériver une partie des eaux de la Durance, un peu au-dessous de Pertuis, et de répandre ses riches limons sur ce vaste champ de cailloux (1). Des terrains de premier ordre ont été ainsi créés sur la lisière de la Crau; aujourd'hui, les canaux de Craponne, des Alpilles, de Langlade et d'Istres sillonnent l'ancien désert. Toute la partie de la Crau dont la Durance n'a pas encore colmaté les bas-fonds (2) est encore déserte.

Plate, brûlée par le soleil, car pas un arbre ne peut pousser, elle nourrit pendant l'hiver, de son herbe courte, de nombreux troupeaux qui ont abandonné les prairies trop froides des Alpes et des Cévennes. Cette migration périodique des bergers provençaux de la montagne à la plaine est en tout semblable à celle de l'Arabe nomade entre l'Atlas et le Sahara. Ce sont les *transhumants* (3).

L'analogie du désert de la Crau avec les déserts de l'Algérie est remarquable : chaleur étouffante ou vents glacés, suivant la saison ; phénomène du mirage à peu

---

(1) La couche de cailloux roulés a une épaisseur de 10 à 15 mètres.

(2) Depuis plusieurs années un nouveau mode de colmatage se fait dans la partie de la Crau située à l'est de la ligne du chemin de fer (d'Arles à Marseille), de Saint-Martin-de-Crau à Entressen. Les immondices de Marseille sont utilisées par les soins d'une compagnie ayant à sa tête M. de Montricher fils.

(3) Voir, dans le chant IV du poème de *Mireille*, la peinture saisissante faite par Mistral.

près continu, oasis ombragées, non par des palmiers, mais par des peupliers séculaires, des mûriers, des figuiers, de magnifiques rideaux de cyprès.

AUTRES AFFLUENTS DU RHONE

Les autres affluents du Rhône, peu nombreux et peu considérables, méritent cependant d'être cités; ce sont : l'*Aygues,* qui descend des montagnes de Nyons et va tomber dans le Rhône non loin d'Orange et la *Sorgue,* grossie de l'*Ouvèze* et de la *Nesque.*

Ces cours d'eau seraient des torrents si les rochers calcaires percés d'*avens* ou abîmes ne les avaient abrités dans la partie supérieure de leur cours pour les rendre au pied des montagnes en sources.

La *Sorgue* naît de la *Fontaine de Vaucluse :*

« Au fond d'une étroite gorge que domine une enceinte de rochers aux parois de plus de 200 mètres de hauteur, sans autre végétation qu'un seul figuier qui s'accroche à la pierre, le torrent jaillit d'un talus de débris amoncelés devant l'ouverture ceintrée d'une grotte : c'est au-dessous de ce porche sombre que s'étale la nappe d'eau tranquille et bleue de la fontaine, emplissant un profond entonnoir et reflétant la voûte sphérique du rocher (1). »

La Sorgue passe devant un monument qui rappelle le

(1) Élisée Reclus.

souvenir de *Pétrarque* et ses vers. Puis, entrant dans la plaine, elle se ramifie en nombreux canaux qui s'unissent

LA FONTAINE DE VAUCLUSE

au réseau de l'Ouvèze et de la Nesque, et répandent partout la fraicheur et la fertilité.

CLIMAT

Le climat de la Provence, surtout de la région littorale, comme d'ailleurs le climat du littoral méditerranéen, se distingue de tout le reste de la France par sa température, « le régime de ses vents, de ses pluies, tous les phénomènes de son atmosphère. »

La Provence est surtout soumise à l'influence des vents de terre, tandis que les régions du versant océanique reçoivent surtout le vent marin.

L'air est sec, les pluies rares, mais violentes.

Dans les départements des Bouches-du-Rhône et de Vaucluse, balayés par le mistral, le climat est tempéré, mais très variable; d'un jour à l'autre et quelquefois d'un moment à l'autre, la température s'abaisse et se hausse de plusieurs degrés. Les vallées d'Aix et du Calavon (arrondissement d'Apt (Vaucluse) sont plus froides que les autres.

Il neige très peu souvent dans ces deux départements, et cette neige n'est pas durable, excepté sur le Ventoux et certaines contrées du Luberon.

Dans le département du Var, où le mistral se fait beaucoup moins sentir, la température est douce, égale. La moyenne est de 15 degrés à Hyères et de 16 dans quelques vallons abrités des Maures et de l'Esterel.

Dans le département des Basses-Alpes, la température, en général, est froide, à cause des montagnes qui le sillonnent. Comme toutes les altitudes se présentent, toutes les végétations s'échelonnent, depuis l'olivier jusqu'aux arbustes rabougris et chétifs. Toutes les parties peu élevées de ce département appartiennent au climat méditerranéen.

Quoi qu'il en soit, c'est le mistral (1) qui donne au climat provençal son originalité.

Ce terrible vent du nord-ouest descend des Cévennes et balaie les plaines du Languedoc, du Rhône et de la Durance, plus encore que le littoral.

Les régions basses et sablonneuses de l'embouchure du Rhône forment un vaste delta et une succession de collines basses et dénudées qui s'échauffent avec excès sous les rayons de notre soleil méridional; la couche inférieure de l'air se dilate et s'élève rapidement, et dans le vide ainsi produit vient immédiatement s'engouffrer

---

(1) Mistral (en provençal *magistraou*, le maître vent par excellence).

l'air froid des Alpes et des Cévennes. Ce foyer d'appel donne lieu par conséquent à un courant énergique qui balaie toute la vallée du Rhône et atteint son maximum d'intensité entre Avignon et la mer (1).

De tout temps, ce vent a été formidable. Strabon raconte que ce « noir Borée » précipitait les hommes de leurs chars et les dépouillait de leurs vêtements et de leurs armes. « Quand il souffle en tempête, on ne peut sans danger essayer de lutter contre lui. Dans les plaines d'Avignon, dans les îles du Rhône, on ne voit pas un arbre qu'il n'ait incliné dans la direction du sud-est. »

On le voit souvent déraciner les arbres, renverser les voitures chargées sur les routes et détruire des récoltes entières... les tuiles des maisons seraient presque toutes enlevées si l'on n'avait soin de les recouvrir d'énormes pierres.

En 1845, le tablier du pont de Beaucaire fut emporté par le vent et lancé dans le fleuve au moment où un voiturier se trouvait dessus avec sa charrette attelée de plusieurs chevaux (2).

Quand le mistral souffle en tempête, les trains du

---

(1) Voir Lenthéric, Reclus, etc.
(2) Pour prévenir les malheurs qui peuvent résulter de pareils accidents, on a inventé un instrument fort simple destiné à mesurer l'intensité du vent. Cet instrument, appelé *ventomètre*, se compose uniquement de quelques petites planches mises en croix et fixées contre la balustrade du pont. Lorsque le vent détache ces bois, la circulation est interdite.

chemin de fer éprouvent, entre Arles et Marseille, des retards considérables. Les locomotives sont arrêtées dans la Crau par la violence du vent et n'avancent qu'avec peine.

Le mistral est très préjudiciable à la navigation côtière. Quand ce vent se déchaîne dans le golfe du Lion, il y souffle parfois des semaines entières sans discontinuer. En 1878, par suite d'un mistral violent et persistant, il n'y eut à Marseille, pendant cinq jours consécutifs, ni entrée, ni sortie de navires.

Sur la végétation, les effets du mistral sont désastreux. Ce vent, facilitant beaucoup l'évaporation des eaux, fait disparaître du sol, en deux jours seulement, la trace de la pluie la plus abondante. Il survient toujours après une pluie, quelque légère qu'elle soit (1).

Il brûle les jeunes pousses, arrache les branches et quelquefois les troncs des arbres, fait tomber les fleurs et les fruits.

Cependant, si le mistral a ses inconvénients, il a aussi quelques avantages.

Grâce au renouvellement des couches atmosphériques qu'il provoque, les nuages sont dissipés avec rapidité et ne peuvent se reformer d'une manière durable, et l'atmosphère est presque toujours d'une limpidité par-

---

(1) Le mistral convertit en quelques minutes la boue des chemins en poussière. C'est ce qui lui a valu le surnom de *manjo-fango* (mange-fange, boue), que lui donnent les gens de la campagne.

faite; mais, on le voit, le « beau ciel de Provence » est assez chèrement acheté.

Méry a dit spirituellement : « Le mistral est un balai céleste qui nettoie l'air et le rend sain. » En effet, il assainit l'air des villes du Midi, trop souvent infectes et mal tenues. Un vieux dicton qui parle « d'Avignon la venteuse, avec le vent fastidieuse, sans le vent vénéneuse » est bien longtemps resté vrai, à cause de la malpropreté des rues, où naissaient le scrofule et le typhus. « Les pestes qui, à diverses époques, ont fait tant de ravages en Provence, ont pu être importées d'Orient, mais le pays lui-même entretenait le fléau et lui donnait sa puissance. » (Élisée Reclus.)

Le mistral dure le plus souvent trois jours, quelquefois six jours et plus (1). Il s'apaise ordinairement un peu à la tombée de la nuit et fait, selon le proverbe marseillais, souvent la révérence au soleil couchant.

L'opposé du mistral, le vent marin et chaud du sud-est, se fait sentir beaucoup plus rarement ; de temps en temps, il y a conflit entre eux ; de là le caractère essentiellement orageux des pluies. Voilà autant de phénomènes d'un climat tout à fait exceptionnel. « Il est à croire que ces caprices de l'atmosphère et la constitution essentiellement orageuse du milieu contribuent avec la

---

(1) Dans le département de Vaucluse, ce vent règne parfois quarante-cinq jours de suite. En 1770, il souffla pendant onze mois consécutifs sans qu'on pût expliquer la cause d'un pareil phénomène.

violence du mistral à donner aux habitants de la Provence et du bas Languedoc leurs passions soudaines, leurs emportements subits et leur brusque retour de mollesse et de torpeur. » (Élisée Reclus.)

L'HISTOIRE

LA FONDATION DE MARSEILLE

Au VIe siècle avant Jésus-Christ, le littoral provençal de la Méditerranée était occupé par des peuplades gauloises, appelées aussi *Ligures* (riverains de la mer).

L'an 600 avant Jésus-Christ, des *Grecs*, venus de la ville ionienne de *Phocée*, dans l'Asie mineure, pour créer quelque établissement en Gaule, abordèrent à l'est des Bouches-du-Rhône. Leur chef, *Euxène* ou *Protis*, se rendit auprès de *Nann*, roi des *Gallo-Ligures*, maîtres de ces rivages. Nann mariait ce jour-là sa fille *Gyptis*. Suivant la coutume antique, la jeune fille devait choisir librement un époux entre ses prétendants réunis. Protis, ayant reçu un accueil très hospitalier, fut invité au repas. A la fin, la jeune fille introduite présente au chef étranger une coupe remplie d'eau : c'était lui indiquer qu'elle le choisissait pour époux.

Nann, croyant voir dans ce choix la volonté des dieux, salue son hôte comme son gendre et lui donne pour dot la plage où les Grecs avaient abordé (1).

Voilà l'histoire de la fondation de *Marseille*, telle qu'elle a été recueillie par les historiens de l'antiquité.

Protis construisit sur une petite presqu'île du golfe (Lacydon), qui est aujourd'hui le *vieux port* de Marseille, une ville qu'il appela *Massalia* (2).

Certains auteurs contemporains traitent ce récit de légende et attribuent à Marseille une origine phénicienne antérieure de deux ou trois siècles (3). Il est reconnu, en effet, que la présence des *Phéniciens* de *Tyr* sur la côte du Var au Rhône est antérieure à celle des Grecs. D'autre part, l'exercice du culte de *Baal*, à Marseille, a été prouvé par les découvertes de l'archéologie.

Quoi qu'il en soit, Massalie devint bientôt prospère ; de nombreux colons arrivèrent de Phocée, qui venait de tomber au pouvoir des *Perses*. De nombreuses guerres avec les Phéniciens finirent par chasser définitivement ceux-ci des rivages de la Ligurie.

Une république aristocratique fut fondée, qui passa

(1) Aristote, Plutarque, Justin.

(2) Massalia de *mas* (demeure, habitation) et de *sel* (sel), à cause de l'exploitation des salines voisines du vieux port de Marseille (Lacydon). Cette étymologie n'est pas sûre, pas plus d'ailleurs que celle qui fait venir Massalia du phénicien (d'un peuple *Massylien*, habitant la Numidie).

(3) Alfred Saurel (*Dictionnaire des villes, villages et hameaux du département des Bouches-du-Rhône*).

pour un modèle de sagesse vanté par plusieurs écrivains de l'antiquité, Aristote entre autres. Six cents membres élus dans les familles qui possédaient des revenus appelés *timouques,* un petit conseil de quinze commissaires, un conseil exécutif de trois membres ou *archontes,* tel était le fonctionnement de la constitution.

Cette cité, resserrée du côté de la terre, ne pouvait prospérer que par le commerce. Elle subit un assaut des peuplades ligures, excitées par le fils de Nann, *Coman,* qui occupait le pays d'*Arles.* Elle eût fini par succomber, si l'invasion de la *Gaule* par les *Kymris* n'eût fait une diversion salutaire. Massalie s'entoura alors de forteresses et donna une grande impulsion à sa marine. Ses chantiers de construction étaient peut-être établis dans la presqu'île du *Pharo,* à cause du phare qu'on y avait élevé.

Les Grecs de Massalie introduisirent en Gaule les premiers plants de vigne et d'olivier. Les Gaulois avaient la passion du vin ; aussi les marchands *massaliotes* eurent un profit immense à introduire les vins d'Italie et de Grèce.

Quand les *guerres puniques* éclatèrent, Massalie prit parti pour *Rome* contre *Carthage,* sa rivale. C'est avec ses vaisseaux que les *Romains* purent descendre dans la Gaule espagnole, occupée en grande partie par les *Carthaginois.* Elle avait déjà fondé des colonies prospères sur tout le littoral de la Méditerranée, depuis les Alpes-Maritimes jusqu'au cap Saint-Martin (Espagne).

Les principales étaient : *Monaco, Nice, Antibes, Léoube (Olbia)*, près d'*Hyères, Tauroentum, Cithariste (Ceyreste)*, près de *La Ciotat, Saint-Gilles, Agde* (en Gaule), *Rosas, Ampurias, Dénia* (Espagne), etc.

Les *Massaliotes* avaient osé se mesurer avec Carthage, bien avant les guerres puniques et avaient vaincu. Cette victoire leur valut le commerce de la Gaule. Il y eut, à cette époque, un essor commercial considérable, une ardeur d'exploration remarquable. De nombreux comptoirs furent fondés dans l'intérieur du pays ; des navigateurs fameux s'aventurèrent dans les mers lointaines : *Pythéas* et *Euthymènes*.

Pythéas (1) navigua, dit-on, jusqu'à l'embouchure de l'*Elbe*, en passant par les *Colonnes d'Hercule* (détroit de *Gibraltar*) et le détroit *Gallique* (*Pas-de-Calais*). Il avait écrit deux ouvrages : le *Périple du monde* (voyage autour du monde) et le *Livre de l'Océan*. Il fut le premier qui constata la relation des marées avec les phases de la lune.

---

(1) Strabon, Pline.

LA PROVINCE ROMAINE (Provence).

Massalie fut de bonne heure l'alliée de Rome. La chute de Carthage et les victoires de Rome en Orient ouvrirent bientôt à son commerce tout le bassin de la Méditerranée et elle put lutter bientôt d'influence avec l'opulente Alexandrie.

Malheureusement, si elle s'étendait sur la mer, la terre ferme lui manquait. Toujours en guerre de ce côté avec les peuplades gauloises, principalement avec les *Oxybes* et les *Décates* (rive droite du Var), elle invoqua l'assistance de sa puissante alliée. Ses ennemis furent vaincus (154 av. J.-C.), mais bientôt remplacés par une autre peuplade, celle des *Salyes*, qui avaient pour chef-lieu la ville celtique d'*Arelate* (1) (Arles). Rome intervint de nouveau en faveur de Massalie et vainquit les Salyes; le consul *Sextius* fonda sur leur territoire la ville d'*Aquae-Sextiae* (Eaux de Sextius) (122 av. J.-C.), ainsi nommée pour l'abondance de ses sources. Le territoire riverain de la mer, entre le Var et le Rhône, fut donné aux Massaliotes.

Grâce à Massalie, les Romains ne tardèrent pas à intervenir dans les affaires de la Gaule. Les *Allobroges* furent bientôt soumis et leur territoire (partie du Dauphiné et Savoie), joint à celui qui avait déjà été conquis,

---

(1) *Ar-lathe*, sur le marais, en gaëlique.

sauf les possessions massaliotes, fut réduit en province romaine. Ce fut la *Provincia-Romana*, appelée plus tard simplement *Provincia* ; de là est venu le nom de *Provence* (1).

Rome occupa ensuite tout le littoral qui va du Rhône aux Pyrénées, et ce ne fut pas sans crainte que Massalie vit fonder la colonie romaine de *Narbonne* (118 av. J.-C.), qui fut constituée métropole de la Province et résidence du *proconsul*.

Cependant, la Gaule subissait de nouvelles invasions venues du Nord. Les *Cimbres* et les *Teutons*, après avoir vaincu trois armées romaines, menaçaient de conquérir la *Province*. Heureusement, ils se séparèrent. Rome profita de cette faute pour se mettre énergiquement sur la défensive. Elle rappela d'Afrique *Marius*, le vainqueur de *Jugurtha*. Celui-ci s'établit avec son armée dans un camp retranché près d'Arles. Les deux bras du Rhône, engravés de sable et de limon, étaient presque innavigables. Pour maintenir ses communications avec la mer, le Consul fit creuser, par ses soldats, avec le secours des Massaliotes, le canal depuis Arles jusqu'à la plage où se trouve le village actuel de *Fos*,

---

(1) La Province-Romaine fut appelée aussi Narbonnaise, mais le mot seul de *Provincia* prévalut. Au moyen âge, ce pays est la *Proensa*. Sous cette dénomination, étaient aussi compris le Languedoc et la plus grande partie du Dauphiné. Plus tard seulement, le nom de Provence eut une signification plus restreinte.

dont le nom rappelle la *fosse* (1) ou canal de Marius (2).

Pendant la rivalité de *César* et de *Pompée*, Massalie prit partie pour ce dernier et reçut dans son port l'escadre pompéienne de *Domitius*. Attaquée sur mer par *Décimus Brutus* et vaincue, elle capitula devant l'armée de terre commandée par *Trébonius*. César la traita sans rigueur et lui laissa sa liberté; mais elle dut recevoir garnison, perdre quelques-unes de ses colonies (Agde, Antibes, etc.), qui obtinrent le droit de colonie romaine ; enfin, se résigner à voir se dresser presque en face d'elle une nouvelle colonie maritime qui fut appelée le *Forum de Jules* (*Forum Julii*, *Fréjus*). Marseille se trouva ainsi entre Narbonne à l'ouest et Fréjus à l'est, qui devint le premier port militaire de la Gaule. César colonisa aussi Arles.

De cette époque date la déchéance de la puissance massaliote. La République changea de caractère. L'ancienne rivale de Carthage devint une seconde *Athènes*, où fleurit l'étude des lettres, et qui reçut dans ses écoles, autant et plus que la première, les jeunes Romains.

---

(1) Les fameuses *fosses mariennes* n'ont été et ne pouvaient être que la régularisation d'un chenal navigable au milieu de tous ces étangs parallèles au Rhône, de manière à permettre aux navires de charge de remonter la mer jusqu'à Arles et de venir ravitailler l'armée de Marius, campée sur le plateau des Alpilles, près d'Ernaginum, aujourd'hui (Saint-Gabriel excellent observatoire naturel Aurès, Nimes 1873).

(2) Le canal a été remplacé, de nos jours, par le canal d'Arles à Bouc.

ARLES, métropole des Gaules.

Parmi les colonies romaines fondées dans la Provence, *Arles* fut la plus prospère. Elle fut embellie par *Constantin*, qui cependant n'y put séjourner, à cause, dit-on, de la violence du vent. Néanmoins, c'est à Arles que cet empereur convoqua les évêques d'Occident, dans un premier concile (314), pour juger le schisme élevé entre les chrétiens d'Afrique. L'aîné des fils de Constantin, qui eut, à sa mort, la préfecture des Gaules, était né à Arles. *Constance*, un autre fils de Constantin, convoqua un nouveau concile à Arles (353). Enfin, cette ville devint, à la fin du IVᵉ siècle, le siège de la préfecture des Gaules. Un certain *Constantin*, commandant les troupes de Bretagne, après s'être révolté contre *Honorius* et fait proclamer empereur, se défendit opiniâtrement dans cette ville, mais il fut pris et tué en 411.

LE CHRISTIANISME EN PROVENCE

Le christianisme, apporté en Gaule au IIᵉ siècle, eut en Provence deux monastères remarquables. L'un fut fondé dans les îles de *Lérins*, par saint *Honorat*, évêque d'Arles ; l'autre, à Marseille, par *Cassien*, sous l'invocation de saint *Victor*, apôtre de cette ville (1). Il y eut dans ces monastères une école théologique célèbre

(1) Vers 410.

dans la Gaule entière. Cassien eut, dit-on, jusqu'à cinq mille moines sous sa direction. Il fut le chef du *semi-pélagianisme* (1), qui protestait contre cette doctrine tendant à faire de Dieu l'auteur du mal. Cassien réhabilita le travail manuel et fut qualifié de saint par le pape Urbain V, au xive siècle.

Au ve siècle, Arles était une belle et florissante ville, située au centre d'un commerce très important. Un édit célèbre de l'empereur *Honorius* en fit le lieu de réunion de tous les gouverneurs et magistrats municipaux de la plus grande partie de la Gaule. Ils étaient convoqués pour donner leur avis sur les *nécessités publiques* et *privées :* mais beaucoup manquèrent à l'appel. D'ailleurs, l'Empire romain n'existait plus que de nom.

LES BARBARES EN PROVENCE

Les *Visigoths* et les *Burgondes* prenaient entre eux la Gaule romaine, qui allait toujours s'amoindrissant. En 461, les Visigoths assiégèrent Arles ; repoussés par le général romain *Egidius*, ils devaient s'en emparer quelques années après.

Quand *Clovis*, chef des *Franks*, détruisit leur puissance dans le midi de la Gaule, son fils *Théodoric* vint

---

(1) Le breton Pélage combattit pour le libre arbitre et la responsabilité individuelle contre saint Augustin, dont la doctrine (la double prédestination) enveloppe tous les hommes dans la solidarité du péché d'Adam et d'Ève.

mettre le siège devant Arles (508). La ville se défendit courageusement, mais la faim amena la division des partis. L'évêque *saint Césaire* fut emprisonné par les Visigoths, et ceux-ci allaient succomber sans l'envoi d'un secours par *Théodoric*, roi des *Ostrogoths* d'Italie. Son général, *Ibba*, força les Francs à lever le siège, prit possession d'Arles au nom de Théodoric, qui restaura dans la province d'Arles toutes les formes de l'administration romaine.

Le désastre d'Arles fit lever à Clovis le siège de *Carcassonne*.

Les Ostrogoths gardèrent Arles et tout le pays entre la *Durance* et la mer. Avignon et le nord de la Durance étaient occupés par les Burgondes ; les Visigoths purent sauver de leur naufrage le pays entre Rhône, Garonne et Pyrénées.

En 536, les successeurs de Théodoric, menacés par l'empereur grec *Justinien*, abandonnèrent aux Francs leurs possessions, à condition que ceux-ci se tourneraient contre leurs ennemis. Les Francs, par la possession d'Arles, de Marseille, Aix, Avignon, etc., touchèrent, au sud-est, à la frontière des *Alpes*. L'empereur Justinien, maître de l'*Italie*, confirma cette possession. Depuis cette époque, les chefs francs présidèrent aux jeux équestres dans Arles et battirent monnaie à leur propre image.

Sous le fils de *Clotaire*, la Provence fut partagée entre

Gontran et *Sigebert*. Ce dernier, qui possédait le nord, Avignon, etc., voulut tout prendre ; mais ses soldats, repoussés par les habitants d'Arles à coups de pierres et de dards, succombèrent presque tous en voulant traverser le Rhône à la nage.

Quelques années après (574-576), la Provence fut envahie par les *Lombards*. Ils furent écrasés par *Mummolus*, général de Gontran.

LA PROVENCE AU MOYEN AGE

La faiblesse des derniers rois *mérovingiens* rendit tout-puissants les seigneurs provençaux. Pour échapper à la suprématie des *Francs* du Nord, dont le chef, *Charles Martel*, venait de refouler l'invasion musulmane à *Poitiers*, ils pactisèrent avec les *Arabes*, établis dans la *Septimanie* et reconnurent l'autorité du calife d'Espagne (734-735). Le principal d'entre eux, le duc *Mauronte*, livra *Arles* à *Joussouf*, wali de Septimanie. *Avignon* ouvrit aussi ses portes. Maîtres pour maîtres, on préférait, aux guerriers farouches du Nord, les Arabes déjà civilisés qui avaient apporté dans leur domination beaucoup de modération et d'équité. Les anciens comtes dépossédés, les grands propriétaires laïques de la Provence, avaient tout à gagner à cette soumission ; mais le clergé, dévoué aux Francs catholiques, ne cessa d'appeler la vengeance des Franks contre ces hérétiques. Charles

Martel arriva, renversa les remparts d'Avignon, extermina les habitants par le fer et le feu; mais, au lieu de marcher sur Arles, il se porta sur *Narbonne* et saccagea la Septimanie. La cité de *Maguelone* fut détruite de fond en comble. Le féroce soldat essaya, mais en vain, d'incendier les arènes de *Nîmes* (1) (737).

Cette terrible apparition devait se renouveler. Charles Martel revint dans le Midi en 739, reprit Avignon sur les Arabes, s'empara d'Arles, de Marseille et de tous le pays jusqu'à la mer : les Musulmans se réfugièrent dans les tours bâties sur les montagnes, suivis par les seigneurs provençaux ; on ne sait ce que devint Mauronte.

La *Provence* appartint successivement, après le *traité de Verdun* (843), à *Lothaire*, fils de Louis le Débonnaire, et, à sa mort (855), à son plus jeune fils *Charles*.

Vers cette époque, l'île de la *Camargue* vit descendre sur ses rives une invasion normande, qui ravagea les bords du Rhône jusqu'à Valence et fut repoussée par le célèbre *Gérard de Roussillon*. A la mort de Charles (863), la Provence se crut assez forte pour s'ériger en État indépendant. Un seigneur très puissant, le duc *Boson*, beau-frère de Charles le Chauve, poussa les prélats et les principaux seigneurs de la Provence et de la Bourgogne à s'assembler à *Mantaille* (2). Cette *diète*,

---

(1) Frédégaire, A. Thierry (*Lettres*).
(2) Entre Vienne et Valence.

présidée par l'archevêque d'Arles, déclara que « le peuple n'ayant plus de protecteur depuis la mort du roi *Louis le Bègue*, les évêques et les seigneurs avaient jeté les yeux sur Boson, comme le plus capable de les défendre (1). Séance tenante, Boson fut proclamé roi (879).

Cette tentative hardie contre la domination de la race *carolingienne* amena la guerre ; mais les princes carolingiens furent impuissants à faire rentrer ce vassal révolté dans le devoir ; d'ailleurs, la déposition du plus puissant d'entre eux, *Charles le Gros* à la diète de *Tribur* (886), provoquait la chute définitive de l'empire franc, et la Provence fut un des sept États qui sortirent de ce démembrement (2).

Les Provençaux perdirent leur roi *Boson* (3) en 887 ; harcelés au nord par les *Normands*, au midi par les corsaires sarrasins, cantonnés à Fraxinet (la Garde-Frainet), près de Fréjus, ils reconnurent pour roi *Louis*, fils de Boson ; mais l'ambition de ce prince lui porta malheur : après s'être fait couronner roi d'Italie et empereur, il fut pris par son rival *Bérenger*, qui lui fit crever les yeux et le rendit ainsi dans ses États. Il mourut vers 923. Son fils fut supplanté par *Hugues*, comte d'Arles et de Vienne, qui dut tenir tête, avec le roi de la Bourgogne transjurane et le comte de Toulouse, à une

(1) Historiens des Gaules.
(2) Germanie, France, Italie, Bourgogne transjurane, Provence ou Bourgogne cisjurane, Aquitaine.
(3) La maison féodale des Baux est sortie de lui.

terrible invasion de Hongrois, vers 924. Cette invasion, refoulée par *Raymond Pons*, fut la dernière de toutes ; toutefois, pendant près d'un demi-siècle encore, les *Sarrasins* continuèrent à infester les côtes de Provence et les défilés des Alpes. De la Garde-Frainet, leur citadelle, ils s'emparèrent des passages des Alpes et mirent à contribution les pèlerins. Ils occupaient une multitude de tours qui reliaient les vallées entre elles.

Hugues étant devenu roi d'Italie, un seigneur, *Rodolphe*, déjà maître de la Bourgogne transjurane, réunit la Provence à ses États. Ainsi fut constitué le *royaume d'Arles* ou de *Bourgogne* (930).

Les années qui suivent sont occupées par des luttes héroïques entre les seigneurs provençaux et les Sarrasins. *Guilhem*, comte d'Arles ou de Provence, secondé dit-on, par un prélat guerrier, *Isarn*, évêque de Grenoble, détruisit successivement tous les repaires des Sarrasins dans les Basses-Alpes et dans les rochers de Fraxinet (1) (972). Pendant ce temps, le roi d'Arles, *Conrad le Pacifique*, et son fils, *Rodolphe*, laissaient usurper tous leurs droits. Des débris de cette royauté éphémère naissaient en même temps de petits États pleins de sève, le comté de Savoie, la Franche-Comté, le Dauphiné, le Viennois, enfin le comté souverain de Provence, avec *Guilhem Ier*, comte d'Arles (996).

En 1033, le royaume d'Arles, qui avait été jusqu'ici

(1) Raoul Glaber

indépendant, soit de la France, soit de l'Empire, fut annexé à la couronne impériale. Les contrées de la rive gauche du Rhône devaient conserver le nom de *Terres de l'Empire,* longtemps après qu'elles eurent été enlevées à l'Empire par la monarchie française. Les bateliers du Rhône disent encore : « Vire ad Empire » quand ils veulent aborder sur la rive orientale.

A cette époque, le nom de Provence (*Proensa*, en langue d'oc) s'était étendu peu à peu à toutes les régions des deux rives du Rhône, et l'on qualifiait de Provençaux les habitants de Béziers, de Narbonne, de Toulouse, tout comme ceux de la Provence proprement dite et de la partie du Dauphiné située au sud de l'Isère. Tous ces gens de la langue d'oc ne s'appelaient pas *Français*.

La Marche, ou le Marquisat de Provence, était située au nord de la Durance; elle renfermait le *Valentinois* (Valence), le *Diois* (Die), le *Venaissin* et les *Hautes-Alpes*.

Le comté de Provence passa par mariage sous la domination du comte de Barcelone, *Raymond-Bérenger III* (1112). Ce prince n'était pas d'ailleurs un étranger; les mœurs et la langue ne différaient guère des deux côtés des Pyrénées, et la poésie provençale, chantée par les *troubadours* de la langue d'oc, fleurit à Barcelone aussi bien qu'à Marseille et à Montpellier.

Le prince catalan trouva un rival pour lui disputer la Provence : ce fut le puissant *comte des Baux*, qui faisait remonter l'origine de sa maison à la famille royale des Visigoths. La guerre dura longtemps. Si les Catalans avaient les grandes villes et la côte, les Baux tenaient la Durance et le haut pays.

Parallèlement à ces luttes de seigneurs, se produisait un mouvement politique et social d'un intérêt puissant. Nous sommes au XIe siècle. Tandis que les *communes* se fondaient dans le Nord, le *régime consulaire* s'établissait dans le Midi. Ici, le *régime municipal* n'avait jamais disparu. En ce qui concerne la Provence, nous voyons au XIe siècle, à Arles, à Marseille, etc., des corps municipaux, appelés ordinairement *universités* (1). Ces corps délibèrent, agissent et traitent avec les seigneurs. A la fin du XIe siècle, à la faveur de la lutte entre l'*Empire* et la *Papauté*, les villes italiennes de la *Lombardie* et de la *Toscane* avaient secoué le joug de leurs évêques et s'étaient données des constitutions libres et un pouvoir exécutif confiés à des *consuls*. La Provence, toute voisine, reçut le contre-coup de cette révolution qui devait s'étendre dans tout le midi de la France, jusqu'en Auvergne. Le consulat passe les Alpes dès les premières années du XIIe siècle. Le comte de Provence, l'archevêque d'Arles et autres seigneurs durent, bon gré mal gré, sauf maintien de leur suzeraineté, accepter les

---

(1) C'est-à-dire la totalité des citoyens; ce mot est équivalent à celui de commune employé dans le Nord. L'université de Marseille, en 1108, concluait des traités de commerce avec les cités maritimes de Gênes, Pise, Gaëte, etc.

faits accomplis. Arles avait des consuls en 1131 ; Marseille, Avignon, en sont dotés à une date très probablement antérieure (1).

Fait remarquable et particulier au Midi, la noblesse est associée à la bourgeoisie dans le corps municipal. A Aix, elle a droit à quatre consuls sur douze. Il y a ainsi dans les villes trois classes : noblesse, bourgeoisie et artisans. Ces classes sont sans doute inégales, mais elles ont toutes des droits. Cette situation favorable, due à la tradition romaine et à l'influence de l'Italie du Nord du XIIe siècle, est particulière au midi de la France. C'est de l'Italie du Nord que nous vient ce singulier magistrat que nous voyons à la même époque à Marseille, Arles et Avignon, le *podestat* (2), espèce de chef suprême ou dictateur qui ne pouvait être élu que parmi les étrangers.

C'est sous la domination de *Raymond-Bérenger III*, comte de Barcelone (3), que les limites des deux moitiés de la Provence furent définitivement fixées entre les deux maisons de Barcelone et de Toulouse. La Provence septentrionale, depuis l'Isère jusqu'à la Durance, resta,

---

(1) D'une manière générale, les consuls étaient au nombre de douze ; ils étaient assistés le plus souvent de deux conseils, l'un peu nombreux et vaquant aux affaires courantes, l'autre (de 80 à 300 membres) appelé dans certains cas seulement. Enfin, dans les plus grandes affaires, on en référait à l'université, c'est-à-dire à tous les chefs de famille réunis en parlement.

(2) Du latin *potestas*, pouvoir.

(3) En 1125.

sous le titre de *marquisat*, au comte de Toulouse, *Alphonse Jourdain*. Le comté de Provence, depuis la Durance jusqu'à la mer, au comte de Barcelone. La maison de Barcelone, possédant la Catalogne, la Provence et l'Aragon, était alors la plus puissante du Midi.

A la mort de Raymond-Bérenger III (1131), ses vastes domaines furent partagés entre ses deux fils : l'aîné, *Raymond-Bérenger IV*, eut Barcelone et l'Aragon. Le second, *Bérenger-Raymond*, eut le comté de Provence.

Cette époque est remarquable à cause du brillant épanouissement de la *langue provençale*, appelée, deux siècles plus tard, *langue d'oc*, par opposition à la *langue d'oïl* (1). La langue du Midi, plus sonore, plus musicale, plus rapprochée du génie grec et latin que celle du Nord, acquiert de très bonne heure une variété, une flexibilité, une grâce, un coloris, un mouvement lyrique surprenants (2). Alors, apparaissent des poètes inspirés, les *troubadours* (3). Leur triomphe, c'est la poésie lyrique. Dans cette société chevaleresque du Midi, où il y a à peine trace de la barbarie germanique, les seigneurs et les dames recherchent passionnément les

---

(1) *Oc* et *oïl* veulent dire *oui*, le signe de l'affirmation dans les deux langues.

(2) Henri Martin. — C'est cette langue que manient de nos jours avec éclat nos *félibres* provençaux.

(3) *Trobador* ou *trobaire*, c'est-à-dire qui invente, qui crée. — Le mot poète, qui vient du grec, a le même sens.

plaisirs de l'esprit. Les troubadours improvisent, devant cette société brillante, des dialogues en vers, appelés *tensons* ou *jeux-partis*. Des prix sont décernés aux *mieux-disant*. C'est l'origine des cours d'amour, établies en Provence, à Avignon, à Pierrefeu, à Digne, etc... Les autres genres littéraires sont les *canzos* et *sirventes*, chants d'amour et de guerre. Quant à la *chanson de geste* ou poème épique, la littérature *provençale* n'a pas été à la hauteur de la littérature *française*, qui créa le genre et vit éclore les principaux chefs-d'œuvre (1).

*_**

Cependant, les fameux seigneurs des *Baux* continuaient, en Provence, la lutte contre la maison de Barcelone. Le comte *Bérenger-Raymond* était soutenu par son frère, *Raymond-Bérenger IV*, comte de Barcelone et roi d'Aragon, et le seigneur *Hugues des Baux* avait pour allié *Alphonse Jourdain*, comte de Toulouse et marquis de Provence.

A la faveur de ces luttes princières, les grandes cités provençales se rendirent indépendantes et constituèrent de véritables républiques.

De 1162 à 1169, *Alphonse II*, successeur de Raymond-Bérenger, réunit, à la mort de son cousin, tous les domaines de la maison de Barcelone. Ce prince rompit

(1) H. Martin (*Histoire de France*).

le dernier lien qui unissait nominativement la Catalogne à la monarchie française, en supprimant le nom de roi de France dans les actes publics de la Comté.

L'empereur *Frédéric Barberousse* se fit couronner roi de Provence à Arles. Le comte de Toulouse, marquis de Provence, et le roi d'Aragon, comte de Provence, l'accueillirent avec de grands honneurs. Mais le couronnement ne changea rien à ce qui existait. La suzeraineté de l'empereur devait rester purement nominale.

∴

Quoique la Provence proprement dite n'ait pas été le théâtre de la guerre des Albigeois, il est bon de donner un rapide aperçu des causes et des résultats de cette guerre religieuse qui bouleversa et atteignit au cœur la civilisation méridionale.

La Provence (et nous entendons en ce moment tout le pays compris entre la Haute-Garonne, les Cévennes, l'Isère, les Alpes et la mer) était, à cette époque, arrivée à un grand essor de civilisation. Ses relations avec le monde musulman et juif avaient fait tomber chez elle les préjugés occidentaux; d'autre part, son extrême liberté d'esprit et de mœurs avait rendu insupportable toute autorité despotique, toute prétention d'imposer des croyances par la force. Les troubadours dans leurs sirventes attaquaient les bulles des papes, les exactions des légats, raillaient les dévots *romieux*, les *ro-*

mipètes, c'est-à-dire les pèlerins qui portaient leurs oraisons et leurs offrandes aux pieds du pape de Rome.

Les institutions municipales avaient développé considérablement la richesse des villes. Les seigneurs y étaient opulents.

En somme, partout richesse et corruption, et partout divisions, mépris de l'autorité. Pendant que les maisons de Toulouse et de Barcelone poursuivent leurs vieilles querelles et que les villes se rendent de plus en plus indépendantes, l'ordre religieux n'existe plus. Des sectes nombreuses apparaissent ; l'une d'elles a la prépondérance au milieu de ce chaos, c'est le *manichéisme* (1); Toulouse et Alby étaient le centre de cette hérésie. Le comte la soutenait. Le pape *Innocent III* lança contre le Midi les guerriers du nord de la France, commandés par *Simon de Montfort*. Mais c'est du Midi que partit la prédication de la croisade.

L'an 1208, une députation de méridionaux se rendit à Rome dans le but de dénoncer au pape le comte de Toulouse et les hérétiques, et d'obtenir une croisade contre eux. De cette députation faisaient partie *Guillaume des Baux*, prince d'Orange ; *Folquet*, de Marseille, évêque de Toulouse ; le troubadour *Perdigon*,

---

(1) Manichéisme ou doctrine de Manès, renouvelée de Zoroastre, et suivant laquelle deux principes, Ormuz et Ahriman, le dieu du bien et le dieu du mal, se partagent éternellement le monde.

Il y avait aussi la secte des *Ariens* et celle des *Vaudois*. Ces derniers étaient très nombreux.

natif du Gévaudan, et l'abbé de *Cîteaux, Arnaud Amalric.* Celle-ci demande à grands cris la croisade (1).

> Qui ne se croisera ne boira plus de vin,
> Qu'il ne mange sur nappe, au soir ni le matin,
> Ne soit vêtu de drap de chanvre, ni de lin
> Et, mort, ne soit pas plus inhumé qu'un mâtin !
> (Le pape cède) : « Frère, le pape dit, va-t'en à Carcassonne,
> A Toulouse la grande sise sur la Garonne,
> Va ! mène les croisés contre la gent félone.

La Provence proprement dite, gouvernée par le comte *Alphonse* (2). ne prit pas part à la guerre des Albigeois. Il n'en fut pas de même du marquisat de Provence, qui suivit la bannière de son chef, le comte de Toulouse, *Raymond VI.* Celui-ci, dont les domaines avaient été envahis, fut secouru par *Pierre II* d'Aragon, qui fut vaincu et tué à la bataille de Muret (1213). A la suite de cette journée fatale, l'héritage de la maison de Toulouse fut dévolu à Simon de Montfort, sauf le marquisat de Provence. Le pape Innocent III arrêta que les terres à l'est du Rhône seraient séquestrées et remises plus tard au jeune comte Raymond VII, « s'il s'en rendait digne. »

La Provence proprement dite garda quelque temps encore son indépendance, « mais le génie natif de la race méridionale était frappé au cœur, sa féconde littérature

---

(1) Historien de la croisade.

(2) Les États d'Alphonse II avaient été, à sa mort, divisés entre ses deux fils : l'aîné, Pierre II, régnait sur l'Aragon, la Catalogne, le Roussillon, Montpellier, etc.; le cadet, Alphonse, fut comte de Provence.

ne devait pas survivre à sa liberté. » « Les suites de la croisade furent mortelles pour la poésie provençale ; les procédures de l'Inquisition contre les personnages suspects d'hérésie, l'institution d'une université à Toulouse, la guerre déclarée aux livres écrits en langue romane, accélérèrent la chute de la littérature provençale, elles la tuèrent dans sa fleur... » (Fauriel.)

En même temps que la France du Nord, la France *royale*, s'affermissait dans le Midi avec Philippe-Auguste, la langue du Nord, la langue française, se substitua insensiblement à cette langue du Midi (1), si riche, si harmonieuse, si pleine de promesses, qui dégénéra en *patois* abandonné aux classes inférieures de la population.

Le jeune Raymond protesta contre la spoliation dont son père avait été victime et se prépara à défendre ses droits les armes à la main. La République de Marseille lui offrit son appui ; Avignon, le Venaissin, le Marquisat, suivirent cet exemple. La maison des Baux, qui tenait la partie nord du comté de Provence, se prononça contre la maison de Toulouse. Mais quand Simon de Montfort eut été tué d'un coup de pierre devant Toulouse (1218), la Provence proprement dite prit les armes. Guilhem, comte d'Orange, chef de la maison des Baux, fut tué. C'en était

---

(1) ... « A l'instigation des papes, diverses mesures furent prises par les autorités civiles pour la destruction de tous les livres hérétiques en langue vulgaire..., on ne saurait évaluer ce qui se perdit de monuments de l'ancienne littérature provençale par suite de ces persécutions inquisitoriales... » (Fauriel.)

fait de la maison de Montfort si le roi de France, Louis VIII, ne s'était mis à la tête d'une nouvelle croisade.

Avignon soutint contre lui un siège héroïque, mais Orange, Tarascon, Arles, la république de Marseille elle-même, abandonnèrent la cause provençale.

Par le traité de Meaux, 1229, Raymond VII dut céder le marquisat de Provence à perpétuité à l'Église romaine, entre les mains du légat; de là vint le droit des papes sur le Venaissin.

Cependant, cette province lui fut restituée par le pape Grégoire IX, moyennant foi et hommage à l'Église romaine (1234). Ce seigneur fut à cette époque plus populaire et plus influent dans une partie du comté de Provence que le comte en titre, le jeune Raymond-Bérenger. Les républiques de Marseille, d'Arles et de Nice s'étaient soustraites à la suzeraineté de ce dernier et ne prétendaient relever que de l'empereur. Marseille, assiégée, appela Raymond VII à son secours, fut délivrée et reçut dans son sein un *viguier* ou vicaire, le comte de Toulouse; Tarascon et Avignon agirent de même (1230).

Raymond-Bérenger IV fut le dernier comte de Provence de la maison de Barcelone. Il avait quatre filles: l'aînée était mariée au roi de France, la seconde au roi d'Angleterre, la troisième à un seigneur puissant; restait la plus jeune, Béatrix. Raymond projeta de la marier au comte Raymond VII et de réunir les maisons de Toulouse et de Barcelone. Il mourut sur ces entrefaites. Néanmoins, Raymond fut mandé devant un parlement tenu à Aix. Mais ce mariage entre cousins n'obtint pas la dispense du pape.

CHARLES D'ANJOU, COMTE DE PROVENCE.

En même temps entraient en Provence, à l'improviste, cinq cents chevaliers conduits par Charles d'Anjou, frère de Louis IX. Le malheureux Raymond se trouvait pris dans un piège tendu par le ministre du comte défunt, Romieu de Villeneuve.

Cet habile politique craignait que le mariage de Raymond VII avec Béatrix ne fût une cause de guerre civile et d'abaissement pour son pays. C'est pourquoi, s'appuyant sur « la force invincible qui poussait le Midi sous la domination française », il essaya de lui conserver son indépendance provinciale en appelant un prince français. Habile ou non, cette politique fut très mal vue de ses compatriotes. Les troubadours se firent les interprètes éloquents des plaintes publiques. « Au lieu d'un brave seignor, s'écrie l'un d'eux, les Provençaux vont donc avoir un sire! On ne leur laissera plus bâtir tours ni castels; ils n'oseront plus porter la lance ni l'écu devant les Français. Puissions-nous tous mourir avant que de tomber en semblable état. Provence n'est plus Proensa (prouesse), mais Faillensa (défaillance), puisqu'elle souffre telles choses » (1).

Raymond VII repassa tristement le Rhône et laissa son jeune rival épouser la comtesse de Provence du consentement du *Parlement d'Aix* (31 janvier 1246). Nobles et bourgeois se soumirent sans résistance, mais *Charles d'Anjou* ne fut jamais populaire ; lorsqu'il partit pour la croisade avec le roi Louis, les principales villes s'agitèrent. Marseille, Aix, Arles, Avignon, essayèrent de former une confédération sur le modèle de la *ligue lombarde*.

« Que ne commence-t-on vite le jeu où maint heaume sera fendu et maint haubert sera démaillé ! » s'écria un troubadour.

A des exigences fiscales sans trêve, la Provence résista sous la bannière d'un vaillant chevalier et renommé troubadour, *Boniface de Castellane*.

Charles vient assiéger Marseille, la prit par la famine et fit décapiter les principaux citoyens.

Cette république florissante ne se releva pas de ce désastre.

Charles d'Anjou, dont l'ambition insatiable était encore excitée par sa femme (2), alla ensuite conquérir le royaume des *Deux-Siciles*. Mais son despotisme le lui

(1) Raynouard. — Poésies des troubadours.

(2) « Sa femme, la belle et orgueilleuse Béatrix, ne cessait de se plaindre à lui qu'elle seule, entre ses quatre sœurs, ne portât point la couronne de reine. »

fit perdre, à la suite des fameuses *Vêpres siciliennes*. Son fils, Charles II, ne put garder que Naples.

Au commencement du XIVe siècle, à la suite des démêlés de *Philippe le Bel* avec le pape *Boniface VIII* et la nomination d'un pape dévoué à la France, Clément V, la papauté quitta Rome et vint résider dans le Venaissin, à Avignon; elle y resta soixante-dix ans environ (1309-1376) (1). A cette époque, un schisme éclata. Une partie du conclave, effrayée de la sévérité du nouveau pape, *Urbain VI*, qui était Italien, donna la tiare à *Robert de Genève*, sous le nom de *Clément VII*. Celui-ci vint s'établir à Avignon (1379). Rome et Avignon eurent chacune leur pape; ainsi commença le *grand schisme d'Occident*.

Quand mourut la reine *Jeanne de Naples*, son héritier, *Louis*, duc d'Anjou, oncle de *Charles VI*, entra en Provence avec une armée et soumit ce pays qui ne voulait pas reconnaître son autorité ; puis il passa les Alpes et alla mourir à Naples (1384). La nouvelle de sa mort provoqua un soulèvement presque général en Provence. Aix, Tarascon, appelèrent le rival du duc à Naples, *Charles de Durazzo*, mais la veuve et les deux jeunes fils du prince français qui résidaient à Angers eurent pour eux Arles et Marseille. La mort de Durazzo et les secours de la France pacifièrent la Provence, qui

---

(1) Cette période a été comparée par les Italiens à la *captivité de Babylone*.

reconnut *Louis II* d'Anjou, à peine âgé de sept ans. Le parti angevin continua à poursuivre ses droits sur le royaume de Naples. La guerre se ralluma à la mort d'Alphonse V d'Aragon ; mais le successeur de Louis, René d'Anjou, préféra sacrifier son ambition à ses plaisirs (1).

LE BON ROI RENÉ

« Le bon roi René » est resté très populaire en Provence ; il vivait moins en souverain qu'en artiste ; il fut poète, peintre, musicien, galant et dévot. Il aimait les sciences utiles, favorisa l'industrie et protégea l'agriculture. Il essaya de ressusciter la poésie provençale et l *gaie science* (gay-saber), mais ce ne fut qu'une renaissance factice, l'âge des troubadours était bien passé.

ANNEXION DE LA PROVENCE

A LA FRANCE

A la mort du bon roi René (1480), son neveu *Charles d'Anjou*, comte du Maine, reçut la Provence à condition qu'elle reviendrait, à sa mort, au roi de France, Louis XI.

---

(1) Il était occupé à peindre une perdrix, quand on lui annonça la perte du royaume de Naples, et il ne discontinua pas son ouvrage. Il reste encore plusieurs de ses peintures.

Charles d'Anjou mourut sans postérité en 1481, après avoir confirmé le testament de *René*. Ce fut ainsi que la Provence fut réunie au royaume et que la France atteignit à l'est sa frontière naturelle des Alpes. Il manquait *Nice*, annexée alors au Piémont.

Le petit-fils de René d'Anjou, *René de Lorraine*, qui se jugeait dépossédé, tenta de soulever la Provence contre le roi ; mais Louis XI fut servi par un homme habile, un Provençal, *Palamède de Forbin*, qui fit reconnaître par les États de Provence, assemblés à Aix, la validité du testament du feu comte Charles et promit, au nom du roi, le maintien des privilèges de la Provence. La France, qui n'avait jusqu'ici sur la Méditerranée que les plages marécageuses du Languedoc, doublait ainsi ses forces maritimes, mettait la main sur une côte superbe et devenait, avec Marseille, une puissance commerciale très importante dans la Méditerranée. La situation admirable de ce magnifique port avait déjà frappé un grand Français, *Jacques Cœur*, qui y fonda un grand comptoir, dirigé par son neveu, *Jean du Village*.

Sous *Louis XII*, le Conseil souverain de Provence, séant à Aix, fut érigé en parlement en 1501.

LES INVASIONS DE LA PROVENCE

SOUS FRANÇOIS Ier

Sous *François Ier*, la Provence fut envahie deux fois (1524 et 1536).

En 1524, le *connétable de Bourbon*, qui avait trahi le roi de France et passé du côté de *Charles-Quint*, apparut avec une armée venant d'Italie, accompagné du marquis de *Pescaire* et d'autres chevaliers espagnols. Une foule de villes capitulèrent : Antibes, Grasse, Fréjus, Draguignan, Hyères, Toulon, Brignoles. Le 9 août, Bourbon entra dans Aix, après cinq semaines de siège. Il eût voulu de là aller reprendre ses États, mais Charles-Quint insista pour qu'on prît Marseille. « Il voulut, lui aussi, avoir son Calais. » Le siège fut donc commencé le 19 août. La ville n'avait qu'une simple enceinte. Le duc de Bourbon dit à Pescaire : « Deux ou trois coups de canon étonneront si fort les bons bourgeois qu'ils viendront, la hart au cou, m'apporter les clés de leur ville. » Il n'en fut rien ; « les bons bourgeois » mirent sur pied 9,000 hommes de milices et se défendirent énergiquement. A cette époque, Marseille comptait 50,000 habitants. L'armée de Bourbon était campée dans les plaines occupées aujourd'hui par les faubourgs Saint-Lazare et du Chemin-d'Aix. A mesure que le canon ennemi faisait brèche aux murailles, une seconde enceinte en terre était immédiatement élevée. On l'appela le boulevard des Dames (1), parce qu'il avait été élevé en grande partie par l'héroïsme des femmes de Marseille.

Un jour, un boulet lancé par la fameuse couleuvrine de la tour Sainte-Paule, traversa la tente de Pescaire et tua près de lui son aumônier. Pescaire envoya le boulet à Bourbon : « Sont-ce là les clefs que vous apportent les bourgeois de Marseille (2)? » Bourbon se décida à tenter l'assaut pour le 24 septembre au soir; il fut repoussé. Comme il voulait recommencer : « Messieurs, dit Pescaire aux capitaines assemblés, si vous avez envie d'aller souper en paradis, courez à l'assaut ; pour moi, je n'ai pas envie de faire sitôt le voyage. »

Il était temps de lever le siège; l'armée royale arrivait à marches forcées, l'avant-garde se porta sur les derrières des Impériaux jusqu'au delà de Toulon et leur fit les plus grands dégâts. Ils repassèrent, non sans peine, la frontière.

En 1533, Marseille vit le mariage, par le pape Clé-

---

(1) Ce boulevard conserve encore aujourd'hui son nom glorieux.
(2) Le jour de la levée du siège, les Marseillais, debout sur leurs remparts, saluèrent le fugitif par son nom provençalisé « Pécaïre! » et, depuis, ce mot est employé pour déplorer une infortune, s'apitoyer, etc.

ment VII, de sa nièce, Catherine de Médicis, avec le duc Henri d'Orléans, fils de François I*ᵉʳ*.

La guerre entre François 1*ᵉʳ* et Charles-Quint continuait avec des alternatives diverses; en 1536, l'Empereur, accompagné du *duc d'Albe*, envahit la Provence, pendant que deux autres de ses armées pénétraient en Picardie et en Champagne. Il se croyait sûr de la victoire. Mais la Provence fut défendue, par *Montmorency*, avec une énergie prodigieuse; malheureusement, la manière dont elle fut défendue équivalait pour elle à un désastre. Le plan fut de laisser l'ennemi se consumer et mourir de faim. Montmorency s'était saisi d'Avignon, malgré la résistance du vice-légat qui commandait pour le pape, pour en faire l'assiette d'un camp retranché. Sûr de cette position, il abandonna tout le pays entre Rhône, Durance, Alpes et mer, c'est-à-dire presque toute la Provence, et non seulement ce malheureux pays fut abandonné, mais il fut brûlé, détruit avec une dureté impitoyable; les fours, les moulins, furent anéantis, les blés et fourrages brûlés, les puits gâtés, les vins répandus en ruisseaux. On ne donna pas un temps suffisant aux malheureux paysans pour retirer dans les villes leurs meubles, leurs vivres et leurs bestiaux. D'ailleurs, sauf Arles, Tarascon et Marseille, toutes furent déclarées « non tenables ». Aix même, capitale de la contrée, le séjour du parlement de Provence, fut aussi condamnée après qu'on eut commencé à la fortifier. Ce fut dans cette ville un véritable sac ; les populations de la Provence s'enfuirent dans les bois et les montagnes du haut pays, où elles souffrirent de cruelles misères. La dureté et l'imprévoyance de Montmorency avaient fait la désolation de cette magnifique province.

Charles-Quint avançait, mais dans des conditions désastreuses, harcelé par les habitants réfugiés dans les bois et les montagnes. Son armée était atteinte de maladies contagieuses, ses détachements taillés en pièces, ses convois surpris.

Il résolut de repasser la frontière. Les paysans provençaux lui firent la conduite : cinquante d'entre eux, enfermés dans une tour près du village du *Muy*, entre Draguignan et Fréjus, arrêtèrent un moment toute l'armée de l'Empereur, au pied de leur tourelle. Ce n'est pas sans peine que Charles-Quint repassa le « Var » et alla s'embarquer à Gênes, afin d'aller, suivant un mot du temps, « enterrer en Espagne son honneur mort en Provence. » (Septembre 1536.)

Les *Turcs*, soi-disant alliés de François Ier, vinrent avec leur flotte devant Marseille (juillet 1543) et traitèrent la Provence en pays ennemi ; leur chef d'escadre, le vieux *Barberousse*, fit esclaves tous les habitants des côtes qu'il put enlever.

PERSÉCUTION DES VAUDOIS

A la fin du règne de François Ier et au commencement de celui de son successeur, eut lieu la triste persécution des *Vaudois* (1) (1534). Deux de leurs villages, Mérindol et Cabrières, furent détruits. Le parlement d'Aix, ayant à sa tête son premier président, le terrible d'*Oppède*, se montra impitoyable et obtint la permission du roi d'exterminer par le fer et le feu ceux qui ne voudraient pas abjurer (1540). Trois villes et vingt-deux villages furent détruits, trois mille personnes massacrées, deux cent cinquante-cinq exécutées, six cents ou sept cents envoyées ramer sur les galères du baron de *La Garde*, qui commandait l'armée du Piémont. En même temps, un arrêt du Parlement d'Aix défendit que « nul, sous peine de la vie, n'osât donner retraite, aide, secours, ni fournir argent, ni vivres à aucun Vaudois hérétique ».

Sur ce coin de terre provençal, l'intolérance religieuse renouvela avec la même fureur les excès horribles de la guerre des Albigeois. Elle faisait pressentir ce qu'allaient être dans notre pauvre pays les guerres de religion. Le roi mourant, poussé par le cardinal de *Tournon*, « toujours prêt à frapper quand il s'agissait d'hérésie, »

---

(1) Vers 1160, apparut la secte des Vaudois. Un certain Pierre Valdo, Pierre de Vaux, Pierre le Vaudois, de Lyon, en face de la démoralisation du clergé, voulut ramener les esprits à la simplicité apostolique; riche marchand, il vendit ses biens et les distribua aux pauvres; il fit bientôt des disciples.

approuva tout ce qui avait été fait contre les Vaudois (1547). Mais sous son successeur « le cri du sang innocent » se fit entendre ; les plaintes furent si fortes que le parlement d'Aix fut cité par le procureur pour répondre de l'arrêt d'extermination exécuté par d'*Oppède*, l'avocat général *Guérin*, le baron de *La Garde* et leurs complices. Mais l'influence des *Guise* les fit amnistier, à l'exception de Guérin, qui fut pendu, non pour fait de zèle religieux immodéré, mais pour falsification de pièces.

Vers cette époque, deux Provençaux, *Saint-Rémy* et *Adam de Craponne*, s'illustraient comme ingénieurs ; l'un, par la défense de Metz et de Saint-Quentin ; l'autre, par le creusement du canal du Rhône à la Durance (1557). Adam de Craponne proposa à Henri II le plan de jonction des deux mers, qui devait être réalisé sous Louis XIV. Malheureusement, les guerres de religion survinrent et ajournèrent toutes les entreprises utiles, tous les véritables progrès.

GUERRES DE RELIGION EN PROVENCE

Cette triste période, qui ne dure que trop longtemps (1562-1598), fut marquée en Provence par des événements importants. Il y eut, dans cette contrée, très peu de protestants. Le chef des catholiques était le comte de Sommerive, fils du comte de Tende, gouverneur de

Provence. Celui-ci était favorable aux protestants, dont le chef véritable était Montbrun. Quelques places, Orange, Sisteron, tinrent quelque temps. Montbrun, soutenu par le terrible baron des Adrets, qui commandait les protestants du Dauphiné, fut vainqueur à Valréas; mais Orange, Sisteron, furent pris par les catholiques. Plus de treize cents réformés périrent dans les supplices.

Le parlement de Provence ne voulut pas enregistrer l'édit de la paix d'Amboise, 1553, sous prétexte qu'elle était trop favorable aux protestants, et quand le jeune roi Charles IX fit son voyage dans le Midi, les populations l'accueillirent aux cris de : *Vive la messe!* Cependant les massacres de la Saint-Barthélemy ne furent pas imités. Le *comte de Tende* (l'ex-comte de *Sommerive* qui avait succédé à son père) répondit aux instructions de la cour « qu'il n'estimait point que de tels commandements vinssent du mouvement du roi, et que, quand le roi en personne lui commanderait de les mettre à exécution, il ne le ferait point ».

Malgré son zèle catholique, la Provence n'embrassa pas la cause de la Ligue. En dépit de l'excitation du second consul de Marseille, *Dariès*, et du capitaine quartenier *Boniface*, qui, après quelques excès, s'emparèrent du fort de Notre-Dame-de-la-Garde et appelèrent *de Vins,* chef de la noblesse ligueuse de la Provence, la population de Marseille s'opposa à leur dessein et, sous la conduite d'un bourgeois influent nommé *Bouquier*, manda à la hâte le gouverneur. Dariès et Boniface furent décapités (avril 1585), et le *duc de Nevers*, pour qui travaillaient les insurgés, dut renoncer à s'emparer du gouvernement de Provence.

A la mort du *Grand Prieur*, le *duc d'Épernon* fut nommé gouverneur. Rappelé à Paris en 1588 près d'Henri III, dont il était le favori, il laissa le gouvernement à son frère *La Valette*, nommé lieutenant général. En ce moment, le parti ligueur qui travaillait pour les Guise, soutenu par le parlement d'Aix, redonna des forces à de Vins et fut assez puissant pour faire destituer La Valette (1589). Après l'assassinat du duc de Guise, Aix, Arles, Toulon, refusèrent obéissance à Henri III. Le parlement d'Aix se divisa : la majorité rompit avec le roi ; la minorité se serra autour de La Valette, que le roi venait de rappeler au commandement de la Provence ; mais, en 1590, les ligueurs provençaux se divisèrent : les uns, avec le comte de Carces, tinrent pour Mayenne ; les autres, qui reconnaissaient pour chef une femme, la comtesse de Sault (1), favorisaient le duc de Savoie, Charles-Emmanuel, qui, soutenu par les Espagnols, voulait mettre la main sur la Provence.

Charles-Emmanuel fut reçu en triomphe à Draguignan et à Aix, où le parlement le déclara protecteur de la Provence. Son vrai but était de rétablir l'ancien royaume d'Arles, tentative qui n'avait pas réussi à

1) Belle-sœur de de Vins, qui avait été tué.

Charles-Quint. Le duc venait d'entrer dans Marseille, malgré la répugnance d'une grande partie des habitants (1591). Marseille n'était pas disposée à subir le joug d'un petit prince étranger. Sur ces entrefaites, La Valette, aidé par le célèbre Lesdiguières, champion de Henri IV, qui vint avec son armée dauphinoise, fit subir un sanglant échec à Charles-Emmanuel.

Ce fut le point de départ (en Provence) d'un revirement tout à fait favorable à la cause de Henri IV. Ce prince habile, reconnaissant l'impopularité du duc d'Épernon, donna le gouvernement de la Provence au duc de Guise, sincèrement rallié.

D'Épernon, qui se voyait dépossédé avec son frère, n'accepta pas son sort, et il traita avec le roi d'Espagne, Philippe II. Heureusement, le duc de Guise arrivait à temps pour maintenir Marseille, qui, poussée par deux consuls, Louis d'Aix et Casaulx, semblait vouloir résister. Le bon sens de la population comprit le danger où mettait leur ville l'ambition aveugle de ces deux magistrats; déjà ils avaient fait entrer dans le port une escadre portant douze cents soldats espagnols et italiens. « La conquête de Marseille était, depuis Charles-Quint, le rêve de tous les monarques espagnols, et Philippe II touchait à cette conquête. » Une conspiration fut formée contre les deux tyrans ; un des quatre capitaines quarteniers, appelé *Libertat*, reçut le mandat de traiter secrètement avec le duc de Guise, aux conditions suivantes :

« La ville conservait toutes ses franchises ; — elle n'aurait pas d'autres gouverneurs que ses chefs municipaux ; — elle aurait une chambre de justice souveraine, — séparée du parlement de Provence. » Dans ce traité, *Libertat*, disons-le, ne s'oubliait pas et prenait soin de sa propre fortune.

Au jour fixé, 17 février 1596, *Libertat*, après avoir tué le consul *Casaulx*, ouvrit la porte royale au duc de Guise. Le viguier *Louis* d'Aix prit la fuite. Les douze cents soldats espagnols, logés sur le port, furent taillés en pièces, et les galères de Philippe II s'empressèrent de prendre le large. En une heure et demie, Marseille, « d'espagnole, redevint française. »

La réduction de cette importante cité eut pour conséquence l'entière pacification de la Provence.

Il n'y a guère de faits importants à mentionner en Provence pendant les règnes de Henri IV et de Louis XIII.

LA PROVENCE SOUS LOUIS XIV

Il n'en est pas de même sous le long règne de *Louis XIV*. Pendant la guerre de la *Fronde*, des démêlés surgirent entre le parlement d'Aix et le gouverneur de Provence, le *comte d'Alais*, à cause de la création par *Mazarin* d'une nouvelle chambre. Le parlement de Paris, qui avait invité tous les parlements à faire cause commune avec lui contre le ministre, rendit un arrêt d'union avec le parlement de Provence (28 janvier 1649). Aix, Marseille, etc., prirent parti pour le parlement contre le gouverneur qui avait souvent méconnu les libertés municipales et dont le despotisme était détesté. Ces dissensions durèrent longtemps parce que le pouvoir royal était alors faible et discrédité et qu'une véritable anarchie régnait à Paris et dans les provinces; mais en 1652, la Fronde finissant, Mazarin reconquérait peu à peu l'autorité. Le comte d'Alais fut remplacé par le *duc de Mercœur*. En même temps, la cour fit un voyage dans les provinces; aussitôt Aix se soumit. Le parlement rentra en grâce, quelques membres furent exilés; cependant, Marseille, mécontente de l'immixtion de Mercœur dans le choix des magistrats municipaux, défendit par la force ses libres élections. Cette ville avait conservé l'esprit indépendant des républiques commerçantes du moyen âge, « elle tenait plus au chaperon de ses consuls qu'à la couronne du roi (1). »

Mercœur occupa militairement Marseille et commença la construction d'une citadelle (le fort Saint-Nicolas) qui commandait le port (janvier-février 1660). Les chefs de la

(1) Voici une anecdote caractéristique de cette indépendance municipale, extraite d'un ouvrage du temps : « A la suite d'une convention avec le dey d'Alger, un agent du roi était allé chercher des captifs que le dey consentait à rendre : on passait en revue les esclaves chrétiens et un certain nombre étaient déjà remis aux mains de l'envoyé, quand celui-ci, s'adressant à un nouveau captif : « Et toi, lui dit-il, es-tu Français. — Non, je suis Marseillais. — Eh bien! que ton roi de Marseille te délivre. »

sédition furent punis. Le 2 mars, le jeune roi rentra dans Marseille par une brèche ouverte tout exprès dans les murailles en signe qu'on voulait la traiter comme ville conquise. Le pacte conclu avec Henri IV fut déchiré, un gouverneur fut imposé à la ville, qui perdit son libre gouvernement consulaire.

Louis XIV alla ensuite visiter la cité papale d'Avignon. Il y agit en maître et seigneur souverain. En passant devant Orange, qui appartenait au jeune Guillaume III de Nassau, il fit raser la citadelle et les bastions de la ville pour lui ôter l'envie de redevenir une retraite de huguenots mécontents.

Le grand essor que le ministre Colbert donna au commerce français profita beaucoup à Marseille. Sur l'avis des députés du commerce de France, la pleine franchise de son port fut établie (1669). Ce grand ministre offrit de grands avantages aux étrangers pour les attirer à Marseille. Il les exempta du droit d'*aubaine* (1). « Il supprima toutes les taxes qui les frappaient, leur promit, en cas de guerre avec leur gouvernement, de les protéger et de leur donner trois mois pour se retirer avec leurs biens; il leur accorda la naturalisation par le seul fait de mariage, d'achat de maison ou de douze ans de trafic exercé à Marseille. La franchise n'eut qu'une exception; les marchandises du *Levant* qui n'en étaient pas importées

(1) Ce droit attribuait à l'État les biens des étrangers décédés en France.

directement furent frappées d'un droit de 20 pour 100 ; le calcul était habile : c'était supprimer les intermédiaires entre Marseille et l'Empire ottoman, car les négociants italiens, qui n'avaient point, comme la France, de *capitulations* (1), durent s'établir à Marseille. Ainsi leurs capitaux, leurs navires voguant sous pavillon français, furent, pour la cité phocéenne une nouvelle source de richesse et de prospérité. Le commerce du Levant devint à cette époque entièrement florissant : les Provençaux regardaient le Levant comme leurs Indes et la plupart des négociants de Marseille y envoyaient leurs enfants pour les façonner au commerce (2). »

A côté de la grande cité maritime qui devenait le grand entrepôt du commerce dans la Méditerranée, le port de Toulon allait acquérir une importance considérable, grâce aux travaux de *Vauban*. La magnifique position au pied d'une muraille infranchissable, sa double rade, tout le désignait pour un port de guerre de premier ordre. Vauban construisit une nouvelle enceinte, protégée par un second port appelé la *nouvelle Darse*, capable de contenir cent vaisseaux de guerre, un arsenal grand comme une ville entière, avec ses magasins, ses ateliers, ses cales et sa fameuse corderie de 640 mètres de long.

(1) Capitulations ou traité de protection des intérêts français, pour le commerce, les nationaux, etc.
(2) Henri Martin.

Vers la fin du règne, pendant la guerre de la succession d'Espagne (1707), la Provence fut de nouveau envahie. Une armée austro-piémontaise de 40,000 hommes se présenta devant Toulon ; elle était commandée par le prince *Eugène* et le *duc de Savoie*. Toulon fut défendu avec beaucoup d'habileté et d'énergie par le *maréchal de Tessé*, avec 20,000 soldats ou marins péniblement recrutés. Ses habiles manœuvres surent rendre l'investissement impossible et faire avorter une tentative de descente au cap Cépet. Le moral des populations fut vite relevé, les paysans prirent les armes en foule. Au nombre de 6,000, ils harcelèrent la retraite des Austro-Piémontais. Ainsi avortèrent de nouveau les espérances fondées sur l'invasion de la Provence, « qui semblait démontrer pour la troisième fois que la France est inattaquable par le Sud-Est. »

LA PROVENCE SOUS LOUIS XV
LA PESTE DE 1720

Sous le règne de Louis XV, deux faits principaux sont à mentionner dans l'histoire de ce pays : la peste de Marseille de 1720, une nouvelle attaque de la Provence par une armée étrangère (1746).

Lemontey, dans son *Histoire de la Régence*, a raconté d'une manière saisissante ce terrible fléau de la peste, qui sema la consternation et le deuil dans Marseille.

L'opinion populaire attribua cette terrible calamité à un vaisseau qui aurait apporté la contagion du Levant. Rien n'est plus douteux. Ce navire avait été minutieusement examiné par les médecins du lazaret, qui ne l'avaient pas reconnu contaminé; mais n'est-ce pas dans la ville même que se trouvait le foyer de l'infection? Marseille n'est certes pas aujourd'hui irréprochable au point de vue de la propreté ; il reste fort à faire pour l'assainir complètement. Mais, au commencement du XVIII° siècle, il n'y avait pas au monde de ville plus malsaine : « l'infection des fanges, des profonds détritus accumulés et fermentant dans la cuve immonde du port, la décomposition de tant de choses mortes qui pourrissent à plaisir, » voilà évidemment une des causes du fléau. En voici une autre : « la misère, l'épuisement des petites gens mal nourris, la saleté proverbiale et de la ville et des ménages..... de noires ruelles où l'avalanche toujours redoutée des fenêtres faisait doubler le pas. Si l'on entrait aux petites cours, on les trouvait pleines d'ordures ; c'était bien pis à monter l'escalier. Sans soucis d'odorat, dans sa chambrette obscure, la jolie femme au teint jaune et malsain, nourrie de crudités, d'oignons ou de poissons gâtés, d'oranges aigres, parfois de mauvais bonbons italiens, dédaignait toute précaution, se moquait de la propreté (1). »

Le vaisseau suspect était arrivé le 25 mai 1720. Ce

(1) Michelet.

fut dans le courant de juillet que les premiers symptômes de la peste se montrèrent dans les quartiers malsains et populeux de la vieille ville. Les premiers frappés furent les femmes, les enfants, les indigents, les faibles. Malgré la précaution des médecins pour cacher le mal, surtout pour en dissimuler le nom, les imaginations furent bouleversées.

Dans cette année féconde en orages, un orage terrible éclata à Marseille le 22 juillet. Plusieurs églises furent frappées de la foudre. Dès lors, le mal prit un violent caractère épidémique ; la panique provoqua une émigration telle que le parlement d'Aix menaça de mort quiconque sortirait du territoire (banlieue de Marseille) (31 juillet). Cependant quelques hommes se dévouèrent avec un héroïsme admirable au salut de leurs concitoyens. L'histoire n'a point oublié les noms des échevins *Dieudé, Estelle* et *Moustier*, de l'évêque *Belzunce* et surtout de ce chevalier *Roze*, « dont le nom ira d'âge en âge. »

L'aspect de la ville était lugubre ; sur les places désertes, des bûchers avaient été allumés dans l'espoir de purifier l'air. « Ces flammes eurent pour unique effet d'aggraver la chaleur, de la rendre plus pénible, plus funeste. Les pestiférés, chassés de leurs demeures par la misère et la peur, venaient s'entasser dans les rues, sur les places, à l'entrée de l'unique hôpital qui leur fût ouvert, « gouffre empesté dont nul ne sortait vivant (1). »

(1) Lemontey (*Histoire de la Régence*).

Les échevins Estelle et Moustier, l'épée à la main, menaient des enterreurs dans les maisons des morts et les forçaient à travailler. Bientôt les bras et les tombereaux manquèrent pour tant de funérailles. Sur l'esplanade de la Tourrette, près de deux mille corps pourrissaient au soleil, « volcan pestilentiel, masse horrible que sa fluidité ne permettait plus de transporter. » Il fallut, pour enterrer les morts, implorer l'assistance des galériens, et Marseille dut accepter un fléau plus terrible que la peste elle-même, le règne des forçats, qui assassinaient les malades pour les piller impunément. Le chevalier Roze fit rompre les voûtes des vieux bastions voisins de l'esplanade de la Tourrette et creux jusqu'au niveau de la mer. « A la tête de cent galériens, il entoure la place fatale, pousse devant lui les hideux débris dont elle est jonchée et les précipite dans les flots. » Tous ceux qui mirent la main à cette œuvre de délivrance furent atteints et moururent, moins Roze et deux ou trois autres. Nous jetterons un voile sur les horreurs morales, qui égalèrent les horreurs physiques. « Toutes les règles ordinaires et les habitudes de la vie avaient disparu. L'avarice dicta des forfaits plus exécrables encore que la débauche. Les échevins avaient recueilli dans un hospice trois mille enfants abandonnés, l'économe les laissa mourir de faim. »

La garnison n'aida en rien la ville. Les dignitaires ecclésiastiques s'isolèrent ; les riches bénédictins de

Saint-Victor s'enfermèrent avec de grandes provisions, « murèrent eux-mêmes leurs portes, ne se souciant plus de savoir si l'on vivait, si l'on mourait au dehors. » Mais l'évêque Belzunce, secondé par les autres ordres religieux et le clergé des paroisses, se multiplia. Malheureusement, ses prédications effrayantes, ses processions lugubres, donnèrent plus d'effroi que de courage.

De septembre à octobre, le mal diminua peu à peu à Marseille. Ce fut alors le tour du reste de la Provence. Aix perdit sept à huit mille habitants; Arles, plus de sept mille. Avignon fut atteint à son tour. Le fléau alla s'éteindre dans les plaines du Languedoc, au printemps de 1721.

Marseille et sa banlieue avaient perdu quatre-vingt mille âmes, mais ce vide fut vite comblé ; les naissances furent tellement multipliées à Marseille dans la période suivante, dit un historien, qu'au bout de cinq ou six ans la population eut repris son niveau.

On accusa le gouvernement de la Régence de n'avoir rien fait pour secourir cette grande cité. Dubois, il est vrai, entrava l'expédition de trois vaisseaux chargés de blé que le pape Clément XI (1) avait envoyés ; mais *Law*, tout près de sa ruine, envoya 100.000 francs de sa bourse. L'action du gouvernement aurait dû être plus efficace et veiller à la création d'un nombre suffisant de

(1) Dubois satisfaisait ainsi une rancune privée contre le pape, qui ne voulait pas l'élever au cardinalat.

petits hôpitaux, de pavillons bien isolés, où les malades auraient été divisés. Il les fallait surtout abriter du mistral, de ce vent aigre qui tuait sans rémission en empêchant l'éruption des bubons.

LA PROVENCE EN 1789

La Provence entra vite dans le mouvement qui devait aboutir à la convocation des États généraux et à la Révolution de 1789. Elle se laissa facilement entraîner par l'éloquence enflammée d'*Honoré-Gabriel Riquetti, comte de Mirabeau*. Toutes ses villes lui firent des ovations, Aix et Marseille l'élurent député aux États généraux. Après la prise de la Bastille, toutes les villes se déclarèrent pour le nouvel ordre de choses. A Marseille, la garde nationale s'empara des forts où commandaient des officiers aristocrates que leurs soldats abandonnèrent. Le Comtat Venaissin, qui appartenait au pape, se souleva : Avignon se donna une municipalité démocratique et une garde nationale, à l'exemple des villes françaises voisines, Marseille, Montpellier, Valence, etc... Les soldats du pape furent mis en déroute, et le peuple d'Avignon proposa la réunion du Comtat à la nation française. Cependant, le parti papal, réfugié à Carpentras, chef-lieu du Comtat, organisa la résistance.

L'Assemblée constituante résolut, en 1790, de remplacer les trente-trois provinces différentes entre elles par les institutions, les coutumes, l'étendue, etc., par quatre-vingt-trois départements.

C'était un moyen de faire disparaître les traditions d'indépendance locale de l'âge féodal et de centraliser sous une direction unique toutes les forces vives de la nation (26 février 1790).

L'ancienne Provence comprit trois départements : les Bouches-du-Rhône, les Basses-Alpes, le Var.

Le Comtat Venaissin forma le département de Vaucluse.

LES HOMMES ILLUSTRES

Nous avons parlé, en décrivant à grands traits les principaux faits de l'histoire de la Provence, des grands hommes de ce pays qui ont joué un rôle marquant dans la politique, l'administration, les lettres, les sciences et les arts, la marine et la guerre. Nous croyons utile, néanmoins, d'en présenter ici le tableau succinct, en y ajoutant quelques autres noms.

1° DANS LES TEMPS ANCIENS

Marseille confia, vers le IVe siècle avant Jésus-Christ, à deux hommes illustres, navigateurs et astronomes, *Pythéas* et *Euthymènes*, le soin d'aller explorer de nouvelles régions.

Ces deux navigateurs célèbres firent de longs voyages : le premier alla de *Cadix* à *Thulé* (que les anciens considéraient comme l'extrémité du monde) (1), il explora ensuite les côtes de l'Océan et alla jusqu'à la mer Baltique ; à son retour, il côtoya la Méditerranée jusqu'au *Tanaïs* (le Don) ; le second côtoya la Mauritanie (Maroc), et descendit, en suivant la côte d'Afrique, jusqu'au Sénégal.

Ils furent aussi des savants. On doit à Pythéas les premières notions sur la différence des climats ; on attribue à Euthymènes les premières données sur l'influence des pluies tropicales sur les débordements du Nil.

Sous la domination romaine, Marseille fut un foyer de civilisation. Au IIIe siècle, le christianisme eut en Provence des représentants éminents : *saint Honorat, saint Hilaire, Jean Cassien,* le fondateur de l'abbaye de Saint-Victor, etc.

2° AU MOYEN AGE

La Provence fournit de nombreux croisés. L'un d'eux, *Gérard de Tenque,* des Martigues, fonda l'ordre de Malte.

A cette époque, de nombreux troubadours vécurent en Provence : *Élyas de Barjols, Pierre de Vernègues, Arnaud Daniel,* la *comtesse de Die,* dont le traité sur la Tarasque est l'origine des traditions populaires sur

(1) Probablement Thulé était une des îles Shetland.

cet animal fabuleux. *Hugues de Saint-Césaire*, moine de Montmajour, recueillit les vies des troubadours.

Les comtes de la maison d'Anjou encouragèrent les lettres et les arts. *René* d'Anjou, peintre lui-même, apprit la peinture sur verre à *Claude* et à *Guillaume* de Marseille; « ces deux derniers étaient arrivés à un si haut degré de perfection pour l'époque, que le pape *Jules II* les appela à Rome pour peindre les vitraux de son palais. »

A deux siècles de distance, la Provence présente deux grandes figures : *Romieu de Villeneuve* et *Palamède de Forbin*. « Tous deux écartèrent de la Provence de grands malheurs, en faisant passer, sans secousse et par des traités, la souveraineté, l'un à la maison d'Anjou, l'autre à la couronne de France. »

3° DANS LES TEMPS MODERNES

1° XVIe siècle :

Au XVIe siècle, nous citerons les deux *Nostradamus*, *Michel* et *César ;* le premier, astrologue; le second, auteur de plusieurs ouvrages.

Adam de Craponne, né à Salon, entreprit, en 1557, le canal qui porte son nom. Il avait conçu le projet, réalisé plus tard par Riquet, de réunir l'Océan à la Méditerranée.

2° XVIIᵉ siècle :

Au XVIIᵉ siècle, se distinguèrent l'érudit *Peyresc* (d'Aix), qui n'était étranger à aucune connaissance ; grand collectionneur de médailles, de tableaux, d'objets d'antiquité et d'histoire naturelle.

Mascaron (de Marseille) et *Fléchier* (de Pernes, Vaucluse), prédicateurs célèbres.

Le botaniste *Tournefort* (d'Aix), dont la méthode inspira le Suédois Linné.

Honoré d'Urfé, célèbre par son beau roman de l'*Astrée*.

J. Parrocel, dit d'Avignon (de Brignoles), peintre célèbre.

Enfin, les deux plus illustres, *Pierre Gassendi* et *Pierre Puget*.

Gassendi (1592-1655), né près de Digne, eut dans son temps une célébrité égale à celle de *Descartes*.

Puget (1622-1694), Marseillais d'origine, fut tout à la fois peintre, sculpteur et architecte. Il mérita d'être surnommé le Michel Ange français.

Comme peintre, on lui doit : le « Sauveur du monde », la « Visitation », le « Baptême de Clovis », le « Baptême de Constantin ».

Comme architecte, il dressa les plans de l'hôtel de ville de Marseille et de Toulon.

Comme sculpteur, et c'est surtout dans cet art qu'il excellait le plus, il exécuta l'écusson de la façade de l'hôtel de ville de Marseille, les deux cariatides soutenant le balcon de l'hôtel de ville de Toulon. Ses principaux

PIERRE PUGET

groupes de sculpture sont : un « Hercule », le « Persée délivrant Andromède », le « Milon de Crotone » et le grand bas-relief « d'Alexandre et de Diogène ».

3° XVIIIᵉ siècle :

Dans ce siècle, nous trouvons quelques peintres célèbres, entre autres *Jean-Baptiste Vanloo* et *Claude-Joseph Vernet.*

Le premier, né à Aix, en 1684, mourut dans cette ville en 1745 ; on lui doit la « Flagellation du Christ », « Diane et Eudymion », et surtout « l'Institution de l'ordre du Saint-Esprit ». On a de lui quelques portraits, entre autres ceux de Louis XV et de Marie Leczinska.

Le second, né à Avignon en 1714, mourut en 1789. Il fut d'une rare habileté pour peindre les effets de matin et le soleil couchant. Il a été le père du fameux peintre *Carle Vernet* et l'aïeul d'*Horace*.

Parmi les membres du clergé, nous citerons, comme politiques, l'abbé *Maury* et l'abbé *Sieyès ;* comme prédicateur, *Massillon ;* comme savant, l'abbé *Barthélemy*, l'auteur du « Voyage du jeune Anacharsis ».

Le cardinal *Maury* (1746-1817) est né à Valréas ; il fut un orateur célèbre ; il devint membre de l'Académie française.

L'abbé *Sieyès* (1748-1836), né à Fréjus, fut député aux États généraux de 1789, membre de la Convention et consul avec Bonaparte, en 1799.

Jean-Baptiste *Massillon* (1643-1742), né à Hyères, fut évêque de Clermont, s'illustra comme orateur sacré. On cite de lui son « Sermon du petit carême ».

Parmi les écrivains, citons le grammairien *Dumarsais*; le chansonnier *Désaugiers*, né à Fréjus; et le moraliste *Vauvenargues*, célèbre par ses « Maximes » et son « Introduction à la connaissance de l'esprit humain ».

Un naturaliste distingué prend place dans ce siècle : c'est *Michel Adanson*, l'auteur de l' « Histoire naturelle du Sénégal ».

Trois membres marquants de la Convention sont nés en Provence, *Barbaroux*, *Isnard* et *Barras*, qui devint président du Directoire.

Un économiste distingué, le marquis de *Mirabeau*, est né à Pertuis. Il a été le père du célèbre orateur de la Révolution.

Un ministre de Napoléon Ier, *Portalis* (Jean-Étienne-Marie), naquit au Bausset (Var), le 1er avril 1745. Reçu avocat, dès les premiers plaidoyers, il se fit remarquer par une nouvelle manière de plaider. Il apporta dans ses discussions une simplicité et un goût que l'on ne connaissait pas avant lui. Il a été un des principaux collaborateurs du Code civil.

Son fils, *Joseph-Marie*, a été un homme politique et un magistrat.

Cette époque a été féconde en marins illustres. Nous citerons parmi eux l'amiral d'*Entrecasteaux*, né à Aix, qui entreprit un voyage à la recherche de La Pérouse; *Suffren de Saint-Tropez*, dit le *Bailli de Suffren*, né à Saint-Cannat en 1726, qui se distingua aux Indes dans la guerre contre les Anglais.

L'amiral *Honoré Ganteaume*, né à la Ciotat en 1755.

Enfin, pour clore cette glorieuse liste, le jeune héros républicain *Agricol Viala*.

4° DANS LA PÉRIODE CONTEMPORAINE

Cette période a été féconde en écrivains.

Les uns ont quitté la Provence de bonne heure pour aller à Paris, qui a vu éclore presque toutes leurs œuvres; les autres sont restés sur le sol natal, où ils ont chanté en langue provençale le passé et les aspirations de leur pays, sa nature, ainsi que les mœurs et les coutumes de leurs compatriotes.

Dans la première catégorie, citons: *Joseph Autran; Amédée Achard; Barthélemy; Armand de Pontmartin*, le critique littéraire; *Guinot*, le créateur de la chronique parisienne; *Léon Gozlan; Méry; Mignet; Raynouard; Reybaud* et *Thiers;* — n'omettons pas *Garcin de Tassy*, le célèbre orientaliste (1).

Les meilleurs poètes de la deuxième catégorie sont: *Aubanel, Bénédict, Jasmin, Roumanille* et surtout *Mistral*.

(1) N'oublions pas de mentionner les romanciers célèbres: *Alphonse Daudet* et *Émile Zola* et les conteurs et poètes: *P. Arène* et *J. Aicard*.

Joseph Autran. — Poëte et littérateur, né à Marseille en juin 1813. Parmi ses meilleurs poèmes, citons la « Mer », les « Poëmes de la Mer », « Laboureurs et Soldats », « Études grecques », une tragédie en cinq actes, la « Fille d'Eschyle ». Membre de l'Académie française, mort le 6 mars 1877.

ADOLPHE THIERS

Léon Gozlan. — Romancier et auteur dramatique, né à Marseille en 1803. Ses meilleurs ouvrages sont : « Mémoires d'un Apothicaire », le « Notaire de Chantilly », la « Dernière Sœur grise », la « Main droite et la Main gauche », les « Belles Folies ». Il est mort en 1866.

Méry. — Poète et romancier, né aux Aygalades, banlieue de Marseille, le 21 janvier 1798, fut frondeur pendant sa jeunesse et eut plusieurs duels. Il a écrit une foule d'ouvrages, parmi lesquels : le « Fils de l'Homme », la « Némésis », les « Douze Journées de la Révolution », le « Bonnet vert », les « Lisbiennes » (poème), « Héva », etc. Il est mort en 1866.

Mignet. — Célèbre historien, membre de l'Académie française et de l'Académie des sciences morales et politiques, né à Aix en 1796. Il se lia de bonne heure avec Thiers. En 1818, ils furent reçus tous deux avocats. Peu de temps après, ils allèrent à Paris. En 1824, il fit paraître son *Histoire de la Révolution française ;* en 1830, il fonda avec Thiers et Carrel le « National ». Il accepta de Louis-Philippe la direction des Archives du ministère des Affaires étrangères et fut élevé à la dignité de grand-officier de la Légion d'honneur en 1871. — Ses principaux ouvrages sont : l' « Histoire de la Révolution française », « Vie de Franklin », « Histoire de Marie Stuart », « Histoire de Charles-Quint, de son abdication à sa mort », etc. Il est mort à Paris en 1884.

Reybaud (Louis). — Littérateur et publiciste, élu plusieurs fois député, membre de l'Institut, né à Marseille en 1769. Citons de lui les deux ouvrages : « Jérôme Paturot à la recherche d'une position sociale » et « Jérôme Paturot à la recherche de la meilleure des républiques. » Il est mort en 1864.

Thiers (Louis-Adolphe). — Célèbre homme d'État et historien français, premier président de la troisième République française, membre de l'Institut, né à Marseille en 1797 ; il alla chercher fortune à Paris en 1821, avec son fidèle compagnon d'études, Mignet. Dès son arrivée, il se plaça sous la protection du grand orateur libéral Manuel, son compatriote, qui le fit entrer au « Constitutionnel » ; c'est de cette époque que commença la fortune littéraire de Thiers. — Thiers, après avoir contribué au renversement de Charles X, fut plusieurs fois ministre sous Louis-Philippe. Après la République de 1848, bien que député, il mena une vie retirée et ne reparut véritablement qu'à la fin du deuxième Empire, en 1870. Le 8 février 1871, il fut élu député par vingt-six départements : le 17 du même mois, il était élu président de la République française. Grâce aux efforts patriotiques de M. Thiers, le *libérateur du territoire*, les deux emprunts pour couvrir les cinq milliards dus aux Prussiens dépassèrent toute prévision : le deuxième fut couvert quatorze fois. A la suite de dissentiments avec l'Assemblée, le 24 mai 1873, M. Thiers envoya sa démission. Après l'acte du 16 mai 1877, il fut un des 363 qui votèrent un ordre du jour de blâme au ministère de Broglie-Fourtou. « Le 16 juin 1877, un passage du discours de M. de Fourtou, faisant honneur à l'Assemblée nationale de l'accomplissement de la libération du territoire, valut au promoteur de cette grande œuvre une dernière ovation aussi spontanée qu'éclatante : toute la majorité se leva, se tourna vers l'ancien président, en s'écriant : « Le véritable libérateur du territoire, le voilà ! » — Thiers, devenu grand-croix de la Légion d'honneur comme chef de l'État, est mort le 3 septembre 1877, à Saint-Germain-en-Laye. Comme historien, Thiers a donné deux œuvres remarquables : l'« Histoire de la Révolution française » et l'« Histoire du Consulat et de l'Empire ».

Mistral, poète provençal, né à Maillane (Bouches-du-Rhône), le 8 septembre 1830; auteur de Mirèio (Mireille), de Calendau, de Nerto, des Isclos d'or (les Iles d'or) et d'un Dictionnaire provençal-français et français-provençal. Nous parlerons plus loin de ses œuvres et de son rôle militant dans la littérature et la langue de son pays.

Dans la *politique*, nous trouvons le ministre *Fortoul*, le malheureux auteur de la loi de 1850 sur l'enseignement, et le grand orateur *Manuel*.

Manuel est né à Barcelonnette, en 1775. Député de la Restauration, il possédait au plus haut degré le talent de l'improvisation ; il s'en servit avec succès dans toutes les discussions de quelque importance.

Le 3 mars 1823, comme il s'élevait contre l'expédition d'Espagne, la majorité le fit bannir de la tribune et de la Chambre.

Un grand ingénieur, *Philippe de Girard*, est né à Lourmarin (Vaucluse) en 1775. Il a perfectionné les

AUBANEL — MISTRAL — ROUMANILLE

machines à vapeur, a inventé la machine à filer le lin ; il est mort en 1845.

Un savant, *Raspail*, est né à Carpentras en 1794. Il fut médecin, chimiste et homme politique important. Il mourut à Arcueil le 8 février 1878. Élu plusieurs fois député, il siégea toujours à l'extrême gauche. On a de lui : le « Manuel de la santé », le « Médecin des familles ».

« Les travaux de M. Raspail ayant amené à admettre que le plus grand nombre des maladies provenaient de l'invasion des insectes parasites internes ou externes et de l'infection produite dans le corps par leur action désorganisatrice, il chercha un agent capable d'étouffer la cause immédiate du mal et d'en neutraliser les effets ; il arrêta sa préférence sur le camphre. » Poursuivi plusieurs fois pour exercice illégal de la médecine, il fut obligé de renoncer à pratiquer lui-même son système. Ce furent des médecins partisans de ses doctrines qui organisèrent des consultations gratuites.

Un marin, le vice-amiral *Sylvestre de Villeneuve*, est né à Valensole ; il perdit, en 1805, la désastreuse bataille de Trafalgar.

Parmi les peintres de ce siècle, nous citerons *Loubon*, *Papety* et *Ricard*.

Un dessinateur, *Daumier*, s'est distingué dans la carricature ; « les modes, les cancans, la politique, les défauts du visage comme les travers de l'esprit ou du caractère, ont tour à tour excité sa verve moqueuse et inépuisable. Toutes les illustrations contemporaines furent pour lui l'objet des charges d'une ressemblance frappante. »

Un critique musical, *Castil-Blaze*, est né à Cavaillon en 1784. Il est mort en 1857.

Parmi les compositeurs de musique, nous citerons *Bazin, Félicien David* et *Ernest Reyer*.

Bazin, né à Marseille en 1816, eut le prix de Rome en 1840, devint professeur au Conservatoire de Paris en 1848 et membre de l'Académie des beaux-arts en 1873. Il est mort en 1878. On cite, parmi ses œuvres, deux opéras-comiques : « Maître Pathelin » et le « Voyage en Chine ».

David (Félicien) est né à Cadenet (Vaucluse), en 1770. Il entra au Conservatoire de Paris à l'âge de vingt ans et eut pour maîtres Lesueur, Fétis, etc. Il se fit saint-simonien et alla avec ses frères en Orient et en Afrique. De retour de ses voyages, il composa les « Mélodies orientales » et le « Désert ». Il faut encore citer de lui la « Perle du Brésil » et « Lalla-Roukh ». Il est mort en 1876.

Reyer (Ernest), né à Marseille en 1823. Il composa, dès 1848, quelques romances qui eurent du succès. En 1850, il fit représenter une ode symphonique, le « Selam »; en 1854, il donna un opéra en un acte, « Maître Wolfram »; en 1858, un ballet « Sacountala »; en

1861, la « Statue », opéra en trois actes, obtint, au Théâtre-Lyrique, un éclatant succès ; en 1871, son opéra « Érostate » n'eut qu'un succès d'estime. Son dernier ouvrage, créé à Bruxelles en 1884, « Sigurd, » passe pour être le meilleur.

DÉPARTEMENTS ET VILLES

DÉPARTEMENT DES BOUCHES-DU-RHONE

Le département des Bouches-du-Rhône (1) est compris entre la basse Durance au nord, le Rhône et la Camargue à l'ouest, le département du Var à l'est, la Méditerranée jusqu'au golfe de la Ciotat au sud.

Le territoire, très pittoresque, n'est point des plus favorisés de la nature. Les collines et les montagnes sont généralement dénudées ; la Camargue et la Crau sont encore presque entièrement en friche. Toutefois, la partie basse, fécondée par les canaux d'irrigation dérivés de la Durance et du Verdon, présente de riches et verdoyantes cultures. Si ce département est placé, au point de vue agricole, à un rang encore inférieur, il se relève considérablement par les ressources de la grande

---

(1) Superficie : 510,000 kilomètres carrés. — Population : 604,785 habitants (dénombrement du 30 mai 1886). — 109 communes, 29 cantons.

industrie et surtout du commerce, grâce à l'importance de la ville de Marseille, son chef-lieu.

Marseille, principal marché commercial de toute la Méditerranée et véritable façade de la France sur l'Orient, renferme une population de 376,143 habitants, soit les trois cinquièmes environ des habitants du département.

Bâtie sur plusieurs collines à pentes inégales, Marseille se divise en deux parties distinctes : la vieille et la nouvelle ville.

La *vieille ville*, quoique diminuée par le percement des rues de la République et Colbert, et des rues adjacentes, n'en conserve pas moins sa physionomie propre dans les quartiers encore nombreux où la sape du démolisseur n'a pas passé. Cette rue de la République, qui fait communiquer le port de la Joliette au port vieux, a un parcours de plus d'un kilomètre ; elle est très large, bordée de maisons de cinq à six étages et coupée au milieu par un vaste hexagone appelé place Centrale, où aboutit la rue Colbert.

La *nouvelle ville* forme un échiquier ; toutes les rues sont droites et pourvues de trottoirs. Celles qui s'ouvrent dans la direction du nord-ouest sont exposées à ce terrible mistral que les habitants acceptent, sans trop murmurer, comme un bienfait d'hygiène.

Une croix démesurée faite par les lignes de maisons et des promenades intérieures permet aux étrangers de se reconnaître très facilement dans la grande ville neuve. De la porte d'Aix à l'obélisque de la place Castellane, une seule voie tirée au cordeau (rue d'Aix, cours Belzunce, place Saint-Louis, rue de Rome) traverse tout le Marseille central ; l'autre rue transversale (boulevard de la Madeleine, allées de Meilhan, rues Noailles et Cannebière) ne finit qu'au vieux port.

La principale curiosité de Marseille est la fameuse Cannebière, commencée par Puget. Son nom rappelle les corderies de chanvre (en latin *cannabis*, en provençal *cannébe*) sur lesquelles elle fut créée. Elle commence au vieux port, longe la place de la Bourse et se continue, sous le nom de rue Noailles, jusqu'aux allées de Meilhan. Voie spacieuse, aux trottoirs larges comme des rues, ouverte aux brises de la mer, décorée par le luxe de ses cafés et la forêt de mâts des voiliers de tous pays qui stationnent dans le vieux port. C'est une rue bornée par l'infini, dans une atmosphère lumineuse où l'azur joue avec le soleil (Méry). « Là se promène l'univers, là s'entendent tous les dialectes, là passent et repassent tous les costumes. On n'est plus en France, on est dans je ne sais quel pays étrange et unique, qui serait comme la synthèse de tous. » (Louis Simonin : *Les grands ports de commerce de la France.*)

On a souvent plaisanté les Marseillais en leur prêtant ce propos : « Si Paris avait une Cannebière, il serait un petit Marseille. » Méry, un fervent Marseillais, lave ainsi ses compatriotes de ce stupide propos. « Un jour, dit-il, un commis voyageur en esprit, du Languedoc, découvrit cette phrase : « Si Paris avait... etc... » il prit un faux accent provençal, comme tous les contrefacteurs de langues, et excita un rire fou chez de candides auditeurs. Le succès de cette phrase fut énorme, comme celui de *Marlborough* et du roi *Dagobert*, et de toutes les niaiseries populaires... »

Méry ajoute avec raison que si jamais un Marseillais avait voulu associer le nom de Marseille à Paris, il aurait cité le Prado. L'inventeur du fameux proverbe languedocien : « Si Paris avait... » ne serait peut-être pas aussi ridicule qu'on le croit généralement si, au lieu de la Cannebière, dont aucun Marseillais ne parle, il eût cité le Prado.

La rue Noailles est plus belle, la rue Saint-Ferréol plus élégante, la rue Paradis plus longue, mais la Cannebière est, sans contredit, la rue la mieux située, la plus mouvementée et la plus pittoresque. Tous les pays, même les plus reculés, y sont à un moment de la journée représentés. « Une chose pourtant nous attriste, dit un fin observateur des mœurs marseillaises (1) : c'est que la rue à Marseille n'a plus cette couleur et ce caractère d'originalité que lui donnaient jadis les costumes des Levantins, des Orientaux. Ces derniers arrivent chez nous en aussi grand nombre que par le passé, mais ils ont le mauvais

(1) Horace Bertin *Les Marseillais*.

goût de s'habiller comme tout le monde. On ne pouvait
pas autrefois flâner dans les parages de la rue Cannebière, de la rue Beauvau, de la rue Suffren et notamment
sur les quais du vieux port, sans coudoyer, à chaque pas,
des Arnautes avec leurs vestes soutachées d'or, des Pallicares avec leur bonnet rouge, leur grande jupe blanche
et leurs guêtres agrafées jusqu'aux genoux, des Persans
coiffés de leur bonnet d'astrakan, des Syriens en dalmatiques, et sans rencontrer surtout les vastes grègues d'un
Grec des îles ou le turban blanc et le caftan rose d'un
vieux Turc. »

Les grandes attractions de Marseille après la Cannebière sont le Prado, le chemin de la Corniche et les
ports. Nous pourrions ajouter Notre-Dame-de-la-Garde
le Jardin zoologique, le palais de Longchamp, le parc et
le château Borély.

Le Prado est la plus belle promenade de Marseille et
sans contredit, une des plus belles promenades du monde
Cette magnifique avenue commence à la porte de la ville
place Castellane, et se continue jusqu'à la mer, ombragée
sur deux rangs de beaux arbres, bordée de collines boisées, de montagnes nues, de jardins charmants, de maisons de plaisance, d'oasis fraîches, de bastides en
amphithéâtre et d'élégantes villas sur une longueur de
4 kilomètres. « Le golfe où conduit le Prado est la miniature de Baïa; dans les plus vives chaleurs de l'été, la
plage est fraîche et embaumée par les brises marines. Un

sable d'argent et des fleurs de velours tapissent le fond de l'eau et invitent les baigneurs..... A chaque instant, on voit courir au vol de la vapeur les paquebots du Levant et d'Italie, dont la fumée passagère est le seul nuage qui vienne par intervalle ternir la pureté de l'horizon (Méry).

La création de cette promenade, après 1830, fut due à la collaboration de deux hommes intelligents et énergiques : le maire Consolat et le négociant Bernex-Philippon. Il fallut vaincre bien des résistances.

Le Prado a pour complément, pour ainsi dire indispensable, la belle route de la Corniche et le parc du château Borély.

Le château Borély, avec son musée des antiques, son hippodrome et son parc, sa position admirable au bord de la mer, est un des enchantements de Marseille.

Le chemin de la Corniche, terminé en 1863, longe la mer depuis le Prado jusqu'aux Catalans. Un service de tramways permet aux voyageurs d'admirer ce double et splendide tableau : d'un côté, la mer bleue, les collines et les îles du golfe de Marseille, les navires qui vont et viennent, les barques de pêche à la petite voile latine ; de l'autre, les collines de granit rose, avec leur panache de saxifrages, de pins, les nombreuses villas de toutes grandeurs et de tous styles, parmi lesquelles on distingue la *Villa Talabot* avec ses tourelles féodales au milieu du vert sombre des pinèdes, et, plus loin, la fameuse

Réserve, flanquée de galeries à jour, où les dineurs peuvent, en contemplant la mer, manger ces bouillabaisses qui sont l'honneur de ce restaurant.

NOTRE-DAME-DE-LA-GARDE

Tout ce paysage, mer, Prado, Corniche, ville, port, est dominé par une colline abrupte et dénudée de 150 mètres ; elle est couronnée par la célèbre chapelle de Notre-Dame-de-la-Garde, surmontée d'une colossale statue de la Vierge dont l'or reluit au soleil. Originaire du commencement du XIIIe siècle, elle a été refaite de nos jours (1864) avec un luxe inouï. Elle est de style byzantin, revêtue intérieurement de marbre blanc de Carrare sur lequel tranche le marbre vert des collines du Transept. Les murs sont tapissés de nombreux ex-voto.

Le Jardin zoologique (fondé en 1855), pittoresquement campé sur la pente orientale du plateau de Longchamp, et devenu la succursale du Jardin d'acclimatation de Paris.

Marseille ne possède pas d'édifices anciens vraiment remarquables, ni religieux, ni civils. On a pu dire d'elle qu'elle est une ville antique sans antiquités. Il semble que, pendant longtemps absorbée par son commerce, elle se soit peu souciée de s'embellir par des monuments ou des statues. L'ancienne cathédrale, la Major, a été démolie en grande partie; il ne reste de l'ancienne église des Accoules (1) qu'une flèche. Comme monument d'un passé lointain, on ne peut citer que l'église de Saint-Victor, qui faisait partie de l'abbaye du même nom fondée, vers l'an 410, par saint Cassien; elle a perdu son beau cloître, mais elle a gardé ses catacombes. C'est comme une noire forteresse au style intermédiaire entre le plein cintre et l'ogive. On visite les Catacombes où, suivant la tradition,

1) Deux églises très belles et les seules que Marseille pût montrer avec orgueil, les Accoules et Saint-Ferréol, ont été démolies pendant la **Terreur.**

saint Lazare aurait habité et où se trouve la statue de la Vierge noire, attribuée à saint Luc par la tradition.

Le plus ancien des édifices civils est l'hôtel de ville, dont la façade, d'ailleurs mesquine, est ornée de bas-reliefs, de sculptures et d'un buste de Louis XIV qui est l'œuvre de Puget.

Si Marseille est pauvre en antiquités, elle peut montrer avec orgueil quelques monuments modernes. Marseille, ville éminemment catholique, n'a point d'églises, disait Méry il y a trente ans. Cette affirmation ne serait plus exacte aujourd'hui. Deux édifices religieux, l'église Saint-Vincent-de-Paul et la nouvelle cathédrale, cette dernière surtout, sont dignes de l'admiration des étrangers. La première a été construite dans le style gothique du XIIIe siècle, avec deux clochers élancés qui se profilent sur le ciel bleu, et couronne admirablement ce paysage urbain qui s'étend du vieux port à l'extrémité des allées de Meilhan.

La nouvelle cathédrale s'élève sur un terre-plein qui donne le quai de la Joliette et toute l'étendue de la mer. Commencée en 1852, d'après les plans de Léon Vaudoyer et d'Espérandieu, continuée par M. Révoil, cet édifice est aujourd'hui à peu près terminé. « Elle est un étonnement pour les voyageurs que d'innombrables navires amènent d'Afrique, d'Italie et de tous les points de l'Orient. Son architecture byzantino-latine, à coupoles et à longues nefs, est parfaitement appropriée au climat de notre côte méditerranéenne, et ses formes puissantes produisent le plus superbe effet en se détachant sur le ciel bleu de Provence. »

La longueur totale de l'église est de 143 mètres, soit 17 mètres de plus que Notre-Dame de Paris; la hauteur du grand dôme est de 75 mètres. Ce vaisseau colossal pourra contenir dix mille personnes.

Parmi les édifices civils modernes, il faut citer la préfecture (1861-1867), vaste monument parallélogramme, aux façades massives, ornées de statues (1) et de bas-reliefs dus aux plus célèbres artistes; le Palais de Justice (1858-1862), peu élégant, bordé sur sa façade principale d'un square où se trouve la statue de Berryer; la Bourse (1852-1860), édifice gracieux, percé, sur sa façade principale, de grandes arcades, ornée d'une colonnade d'ordre corynthien, et renfermant de grandes niches où se dressent les statues de Pythéas et d'Euthymènes. C'est la *Chambre de commerce* qui a fait presque tous les frais de ce monument (9,000,000). « A Marseille, en effet, la Chambre de commerce n'est pas seulement une chambre consultative, elle a des revenus considérables et remplit un rôle actif dans la ville... Cette chambre a soutenu la *Compagnie d'Afrique*, l'aînée de la Compagnie des Indes. Elle correspondait jadis directement avec les rois de France; elle armait en guerre pour courir sus aux

(1) Ces statues représentent les personnages qui ont illustré la Provence.

pirates barbaresques, elle subventionnait les services des *Pères de la Merci* et contribuait pour une part importante aux expositions scientifiques; mais son plus beau titre de gloire est d'avoir créé l'institution devenue universelle des Consulats. C'est elle qui s'est chargée récemment de faire terminer les travaux du bassin du nord du port, en avançant à l'État les fonds nécessaires.

Nous ne mentionnerons qu'en passant l'Arc de triomphe de la porte d'Aix (1825-1832), consacré à la gloire des vainqueurs du Trocadéro, et où sont de beaux reliefs de David d'Angers; le Grand-Théâtre (1786), peu digne de Marseille; l'Hôtel-Dieu, qui date du XIIe siècle. Mais nous insisterons sur le Palais de Lonchamp, qui offre un asile opulent aux musées et collections de la ville de Marseille.

Ce monument, construit par Henri Espérandieu, sur des plans imaginés par le statuaire Bartholdi, « séduit dès le premier aspect par le charme de ses lignes, l'originalité de son plan et la beauté exceptionnelle de sa situation. » Au centre est le Château-d'Eau, à gauche le Musée de peinture et de sculpture, à droite le Muséum.

Ce qui constitue l'importance et la véritable richesse de Marseille, ce sont ses ports : le vieux port, les ports ou bassins de la *Joliette*, du *Lazaret*, d'*Arenc*, *National*.

Le vieux port, dont la surface est de 25 hectares et la moyenne profondeur de 6 mètres, est situé entre la Cannebière et les forts *Saint-Nicolas* et *Saint-Jean*,

« deux forteresses honoraires »; il était autrefois beaucoup plus vaste, mais moins profond, quoiqu'il soit loin d'être très propre encore aujourd'hui, puisqu'il reçoit une partie des immondices et des eaux d'égouts de la ville.

C'est à l'entrée du vieux port, du côté nord, que se trouve ce que les Marseillais appellent la « cheminée du roi René », c'est-à-dire tout l'espace des quais qui s'étend de là jusqu'à la place Neuve bien exposée au midi et toujours préservée des âpres morsures du mistral. Contre les façades des maisons on voit, rangés coude à coude, de vieux pêcheurs, des bateliers, des oisifs, qui, en plein hiver, et par les temps les plus froids, se grillent au soleil; c'est là, dit-on, où le bon roi René aimait à venir se réchauffer.

D'ailleurs, toute cette partie orientale du vieux port est d'un aspect très original, « avec ses petites boutiques de poulieurs, ses magasins de provisions pour la marine, d'articles de pêche, ses bouquinistes, ses étalagistes, ses marchands hydrographes, ses buvettes, ses marchands d'oiseaux exotiques, ses nombreux cafés... (1) »

Il y a, tous les ans, dans ce coin du vieux port, un charmant spectacle : les gracieuses balancelles de couleurs claires apportent de Majorque, de Valence ou d'Algérie leur chargement d'oranges, « les voiles latines sont serrées contre les mâts, et par-dessus le pont se montrent des insulaires des Baléares, des Valenciens

(1) Horace Bertin (*Les Marseillais*).

avec leur bonnet rouge retombant sur la nuque... Bientôt le pont n'est plus qu'un ruissellement de pommes d'or, n'offre plus à l'œil qu'une gamme de tons éclatants... de la cale sortent des milliers de fruits d'un beau jaune, vermeils, magnifiquement empourprés, qui font venir à la bouche l'eau sucrée de leur jus (1). »

Il y a longtemps que le vieux port, qui fut celui des Phocéens, est devenu insuffisant. Il continue à donner asile aux navires à voiles, mais les navires à vapeur, steamers, paquebots, etc..., ont dû trouver place dans de nouveaux bassins : ceux des *Docks* ou du *Lazaret*, d'*Arenc*, de la *Gare maritime*, *National* (1856), du *Radoub* (1872). On pourrait encore comprendre dans les ports de Marseille ceux du Frioul, celui de Pomègue et celui de Ratonneau, plus important, où se trouvent la quarantaine et le lazaret qui reçoivent, pendant la période fixée par la *santé*, les navires venant des contrées où règnent des maladies épidémiques.

La surface des ports de Marseille, qui était en 1850 de 28 hectares, en comprend aujourd'hui près de 180, avec 13,000 mètres environ de quais utilisables pour l'embarquement et le débarquement des marchandises.

Malgré cet immense développement, les navires n'ont pas pour le chargement et le déchargement toutes les commodités nécessaires ; sur un grand nombre de points ils ne peuvent être placés que perpendiculairement aux

1) Horace Bertin.

aux quais, c'est-à-dire dans la position la plus défavorable ; un grand nombre même sont relégués au deuxième ou troisième rang et se voient dans la nécessité d'opérer un premier déchargement sur des bateaux de servitude.

Afin de remédier à cet état de choses, des études ont été entreprises. En 1874, l'Assemblée nationale a autorisé la Chambre de commerce de Marseille à avancer à l'État la somme de 15 millions de francs nécessaires à l'achèvement des travaux commencés et la création de nouveaux bassins, dits Port-Sud, actuellement à l'étude.

La situation commerciale de Marseille est certainement florissante, mais elle est menacée par une concurrence ardente des ports de Gênes, de Trieste, d'Anvers, etc..., surtout depuis le percement du Saint-Gothard.

Les Marseillais l'ont compris et s'organisent tous les jours pour lutter avec avantage, préparer des négociants instruits, des voyageurs expérimentés et multiplier les débouchés.

Signalons à ce propos des institutions importantes. La première est la Chambre de commerce, dont nous avons déjà parlé. Viennent ensuite la *Société libre pour la défense et le développement du Commerce et de l'Industrie,* créée en 1869 ; une *école supérieure de commerce,* fondée en 1872, « pépinière de futurs négociants instruits et exercés » ; une *société de géographie ;* des *cours de géographie commerciale et populaire ;* un *musée ethnologique et maritime ;* un *musée de matières premières ;* une *bibliothèque spéciale,* etc.

Mais il y a des améliorations matérielles qui s'imposent au plus tôt :

1° Marseille, qui reçoit plus de 300,000 têtes de bétail du bassin de la Méditerranée, n'a point de parc à bestiaux semblables à ceux de la Villette (Paris), de Chicago et de Saint-Louis (Amérique). « Il faudrait que ces milliers d'animaux, souvent exténués par la traversée, pussent être à l'instant reçus, nourris, abreuvés, soignés. » Ce manque de parc a permis au port de Cette de s'emparer depuis plusieurs années d'une partie de cet important trafic.

2° Il manque à Marseille une gare maritime et un chemin de fer le long du littoral ; il n'y a qu'une voie entre Marseille, Lyon et Paris, par le tunnel de la *Nerthe* (5 kilom.) (1). « A la suite de la guerre franco-allemande, la gare unique de Marseille s'est trouvée tellement encombrée de marchandises à expédier, qu'elle ne pouvait y suffire ; elle en a remisé ainsi jusqu'à 50,000 tonnes à la fois qui pouvaient devenir en un instant la proie de l'incendie, sans compter les préjudices que les longs délais d'expédition causaient aux négociants (2). »

(1) Un chemin de fer se construit entre l'Estaque et la Joliette.
(2) Voir Simonin (*Les grands ports de France*).

Il serait temps aussi qu'un chemin de fer direct reliât Marseille à Turin par les Alpes.

3° Il faudrait résoudre au mieux pour les intérêts de Marseille, qui sont, en définitive, ceux de la France, cette importante question des transports par les voies les plus économiques et les plus rapides, créer d'une part un chemin de fer direct de Marseille à Calais, et, de l'autre, creuser un canal de Marseille au Rhône. Les peuples qui ont perfectionné leurs voies de transport se sont mis très vite à la tête des autres.

Il est temps d'agir. Déjà l'Italie et l'Allemagne communiquent à travers la Suisse par le tunnel du Saint-Gothard, et l'Italie se préoccupe, par le projet de percement du Simplon, de compléter le réseau de voies ferrées qui met ses ports en relation directe avec la Suisse et le centre de l'Europe pour le plus grand profit du port de Gênes. Si ce tunnel vient à être percé, beaucoup de marchandises peuvent abandonner Marseille pour les ports italiens et être transitées par les tunnels alpins.

Pour que Marseille luttât avantageusement contre cette concurrence menaçante, il faudrait ouvrir aux marchandises :

1° Des débouchés rapides par le chemin de fer du littoral et la ligne directe de Marseille à Calais ;

2° Des débouchés économiques en établissant une grande voie de transport par la vallée du Rhône. La batellerie du Rhône serait en mesure de lutter avec les chemins de fer italiens si elle avait pour tête de ligne ce grand port méditerranéen : Marseille.

C'est le vœu le plus ardent de cette grande cité, qui mérite pour cette œuvre patriotique toute la sollicitude de l'État.

« Faut-il rappeler, dit M. Edmond Théry, que le 15 octobre dernier le gouvernement allemand a inauguré le canal de dérivation de l'Elbe, destiné à relier le port de Hambourg au centre du continent, pour lequel l'empire a donné 50 millions de subvention ? Faut-il rappeler les dépenses du même gouvernement pour donner les mêmes facilités au port de Brème ; les 100 millions consacrés par la Hollande à la construction du canal de Rotterdam ; les 120 millions dépensés par la même nation pour le canal d'Amsterdam ; les 90 millions affectés par le gouvernement belge à la mise en état du port d'Anvers ? Voilà ce qui a été fait depuis dix ans au nord de l'Europe, et n'est-il pas douloureux de constater que, depuis dix ans, Marseille réclame en vain le canal de jonction au Rhône, et que, pendant la même période également, le Saint-Gothard a été ouvert et le port de Gênes transformé ? »

Et plus loin, l'auteur ajoute justement : « La véritable raison, l'unique cause du déplacement des courants commerciaux constaté, c'est l'économie dont la marchandise bénéficie pour se rendre du port d'arrivée à son lieu de consommation ou pour aller du pays de production au port d'embarquement. »

En ce temps d'âpre concurrence, il faut non pas seulement faire de son mieux, mais faire mieux que son voisin. Marseille est admirablement favorisée par la nature avec ses bassins, dans une rade profonde, sur une mer sans marée, sous un ciel toujours clair. Les passes sont d'un accès facile et les manœuvres peuvent se faire aisément dans ses ports et avant-ports, qui ont une surface utilisable de 123 hectares, dont plus de la moitié avec une profondeur supérieure à 10 mètres. Malheureusement, les quais de débarquement sont insuffisants.

Pour en revenir au canal de Marseille au Rhône, on peut l'ouvrir, soit directement de Marseille à Arles, soit plutôt en faisant communiquer l'étang de Berre avec Marseille par un canal en tunnel à travers la chaîne littorale de l'Estaque.

Élisée Reclus fait remarquer que Marseille perdra une partie assez importante de son commerce dès que les chemins de fer ottomans seront terminés et que des lignes continues rattacheront Paris, Berlin, Vienne à Salonique et à Constantinople. Mais l'importance croissante de l'Algérie et de la Tunisie compensera les pertes de Marseille, et ce mouvement s'accroîtra au fur et à mesure que les voies ferrées et les routes de ces deux splendides pays auront pénétré plus avant dans l'intérieur.

Le mouvement général des ports de Marseille (importations et exportations réunies) a été, en 1887, de 8,324,331 tonnes pour le tonnage des navires, mais le chiffre des marchandises transportées n'a été que de 4,266,604 tonnes.

Pendant la période de 1880 à 1887, l'importation est restée à peu près stationnaire, tandis que l'exportation s'est accrue de plus de 300,000 tonnes, en raison de la progression de l'industrie nationale. La cause de cet état stationnaire du chiffre des importations provient principalement de ce que l'Espagne, l'Italie, le Levant et même l'Algérie reçoivent aujourd'hui directement des matières premières ou des marchandises fabriquées dont elles venaient autrefois s'approvisionner à Marseille. Une autre cause provient de la réduction des marchandises en transit: « outre la concurrence très vive que nous fait le port de Gênes pour les marchandises destinées à certaines parties de l'Allemagne du Sud et de la Suisse, nous avons à lutter contre la concurrence du port d'Anvers, qui, par les canaux, envoie à bon marché la marchandise, et notamment les blés, jusqu'aux environs de Dijon.

« Pour rétablir un équilibre qui devrait être plutôt à l'avantage de Marseille, nous avons besoin du concours de tous. Il faut que le gouvernement renonce aux droits de quais imposés à la navigation ou que tout au moins, en revisant ces droits, il ne les applique plus à la jauge du navire, mais bien au nombre de tonneaux de marchandises transportés par le navire. Nous ne verrions plus alors des compagnies étrangères, envoyant régulièrement leurs navires dans notre port depuis de longues années, y renoncer pour se soustraire aux droits de quais trop onéreux pour eux, et envoyer leurs navires à Gênes, où le gouvernement italien leur accorde, sous forme d'abonnement, de très grandes facilités pour le plus grand bénéfice de l'industrie et du commerce de ce pays.

Il faut que le gouvernement rende le Rhône navigable et relie directement Marseille au fleuve.

Il faut que la ville de Marseille renonce à son droit de pesage dont sont frappées toutes les marchandises qui sont débarquées sur nos quais libres.

Il faut que nos entrepreneurs, nos ouvriers, nos portefaix, réduisent des tarifs de manutention quelquefois un peu surannés et trop élevés.

Il faut enfin que la Compagnie de Paris à Lyon et à la Méditerranée nous aide dans cette tâche, au succès de laquelle elle semble devoir être si directement intéressée. Elle doit veiller avec un soin jaloux sur ses tarifs et les mettre en harmonie avec les besoins actuels pour permettre à notre commerce d'approvisionner plus facilement l'intérieur du pays.

Elle doit absolument réduire les tarifs évidemment exagérés de l'exploitation des voies des quais et permettre au public d'expédier ses marchandises par ces voies aux mêmes conditions qu'il les expédie par les voies de la Compagnie des Docks. On ne saurait admettre qu'il y ait des conditions différentes sur deux parties de nos quais. Il y a urgence à réduire les tarifs actuels (1).

Le mouvement général de la navigation à voiles dans le port de Marseille a été, en 1887, de 6,373 navires, jaugeant 1,020,514 tonneaux.

Le mouvement général de la navigation à vapeur a été de 9,956 bateaux, jaugeant 8,379,512 tonneaux (2).

Le mouvement des passagers a été, de janvier en décembre 1887, de 184,016, dont 96,191 arrivés et 87,825 partis.

Le mouvement des passagers militaires a été de 20,434 arrivés et 21,877 partis.

Le relevé des navires composant l'effectif du port de

---

(1) Rapport de la Chambre de commerce de Marseille à M. le Ministre.

(2) Sur ces chiffres, il y a eu :

Pour l'Algérie	2.080 navires et	774.992 tonnes.
Italie.	1.059	645.825
Espagne	751	564.858
Angleterre	441	550.191
Russie	402	489.851
Turquie et ses îles. .	286	302.165
Régence de Tripoli. .	177	209.065
Égypte.	174	251.189
Indes anglaises. . . .	141	254.140
Roumanie	126	128.285
Tunisie.	124	94.401
États-Unis Amérique.	91	176.521
Indes hollandaises . .	65	110.271
Chine.	50	127.070
République argentine.	69	146.504
Japon	16	68.903
Maroc	69	49.610
Etc., etc.		

Marseille, au 31 décembre 1887, a été de 382 navires à voiles et de 284 navires à vapeur.

Le nombre des émigrants par les postes et la gare de Marseille a été de 37,695, dont 6,085 partis en chemin de fer. Sur ces émigrants, 1,400 seulement étaient Français.

Nous allons jeter un rapide coup d'œil sur le commerce de Marseille et sur son industrie.

En tête du commerce marseillais, on peut placer les *céréales*, dont les importations se sont élevées, en 1887, à près de 20,000,000 de quintaux (1), pour la France entière (2).

Les *orges* viennent ensuite, mais leur importation est de beaucoup moindre ; à peine 315,000 quintaux, sur lesquels 130,000 sont exportés en Espagne. Ils sont expédiés de Russie, des bords de la mer Noire.

L'importation des *sucres bruts* (82,000,000 kilogrammes en 1887) provient des Indes hollandaises, de la Guadeloupe, de la Réunion, de la Martinique, etc... Marseille réexporte environ le dixième de ses sucres bruts ; le restant est raffiné (3).

Les *denrées coloniales* et les *épices* occupent un des premiers rangs sur le marché de Marseille.

Les *cafés* sont en diminution constante d'importation

---

(1) Une grande partie du commerce des grains est faite par la colonie grecque, la moins nombreuse, mais la plus riche.

(2) Les blés viennent pour la plupart du sud de la Russie et des ports de la mer Noire.

(3) On a exporté, en 1887, 63,000,000 kilogrammes de sucre raffiné.

depuis 1883 (Martinique, Arabie, Brésil, Zanzibar), etc.

Les *poivres* proviennent des Indes anglaises et des Indes hollandaises. (Importation : 2,737 tonnes en 1887.)

L'importation des *cacaos* va en augmentant. Ils viennent de l'Amérique du Sud. (Importation en 1887 : 513,430 kilogr.)

Les *graines oléagineuses* viennent de la Turquie d'Asie, de la Syrie, de l'Inde, du Sénégal, de la Mozambique (sésames), de l'Inde et du Levant (pavots), de la côte occidentale d'Afrique, du Mozambique, de l'Inde (arachides), de la Turquie d'Asie, de l'Inde, de la Russie et du Danube (lins), de l'Inde (colza, ricin), etc...

Les *cotons* arrivent de l'Asie mineure et de l'Inde (66,000 balles en 1887).

Les *soies* proviennent de la Chine et de la Syrie. Les arrivages des cocons ont atteint 450,000 kilogrammes en 1887, quoique le marché de Milan continue à détourner de Marseille les provenances du Levant.

Le commerce des *laines* et des *tissus* n'est pas très considérable à Marseille. Par contre, celui du *bétail* et des *peaux d'animaux* augmente dans de sensibles proportions. Les *peaux de mouton* et d'*agneau* nous viennent de la Plata, mais ne font que passer à Marseille ; elles sont destinées aux centres manufacturiers du Languedoc. — Les *peaux de chèvre* donnent une importation de 40,000 balles environ en 1887, venant du Maroc, de Levant, de l'Algérie et de la Tunisie.

La Plata, Calcutta, la Chine et l'Algérie nous envoient leurs *cuirs*.

Une grande extension est donnée depuis quelques années au commerce des *raisins secs*, avec lesquels on fabrique un vin à bon marché pour les classes ouvrières.

Les *riz* nous sont envoyés du Piémont, du Japon et de l'Inde; les plus estimés sont ceux du Japon (150,000 quintaux en 1887).

Les *légumes* donnent une importation considérable : 300,000 quintaux en moyenne par an.

Le trafic des graines d'*alpiste*, de *chanvre* et de *millet* donne un commerce restreint.

En moyenne, 10,000,000 de kilogrammes de *suifs* et de *saindoux* sont importés à Marseille. Ce commerce diminue.

Les *cires* nous arrivent de l'Algérie, du Mozambique, du Levant, du Maroc et de la Tunisie.

Les arrivages des *charbons* ont été, en 1887, de 910,000 tonnes.

L'importation des *morues* a été de 14,000 quintaux en 1887.

Les *teintures*, les *drogueries* et les *bois de construction* donnent un commerce relativement fructueux.

En tête des industries marseillaises, on doit placer l'industrie du *savon*. C'est la plus ancienne; le chiffre de la production est de 100,000,000 de kilogrammes pour tout le département des Bouches-du-Rhône. Une centaine d'usines environ fabriquent cette énorme quantité.

Par ordre d'importance, nous placerons les *produits céramiques*, les *ciments*, les *bougies*, les *minoteries*, la *distillerie des grains*, les *industries mécaniques*.

L'industrie *céramique* se fait dans de vastes proportions dans la banlieue de Marseille, à Saint-André, Saint-Henri, l'Estaque.

Les *bougies* donnent un chiffre d'exportation, en 1887, en diminution sur 1886.

L'industrie des *minoteries*, en 1887, est en augmentation sur 1886.

On a exporté, en 1887, 371,110 quintaux de farines de diverses qualités.

Les nombreuses *distilleries* de Marseille et du département donnent 8,000,000 de litres comme production d'*alcool*.

Les *bières* donnent 56,000 hectolitres comme production pour 1887.

Les ateliers mécaniques produisent de 33 à 34 millions de francs de marchandises.

***

Marseille s'est très rapidement développée durant la deuxième période de ce siècle, et principalement de 1860 à 1870.

Elle s'est étendue de divers côtés, au fur et à mesure

de l'accroissement de la population, et elle comptait, au dernier recensement, près de 400,000 habitants (1).

Ce rapide accroissement de population commande la réalisation à bref délai de certains grands travaux destinés à améliorer la situation matérielle et morale du premier port de France. Au premier rang de ces travaux il faut mentionner (2) :

1º L'organisation générale des égouts et la création d'un égout collecteur ;

2º L'établissement d'un abattoir et d'un marché aux bestiaux ;

3º Une double canalisation pour les eaux du canal et la construction d'un bassin à la tête des conduites ;

4º La création d'une faculté de médecine.

Tous ces travaux sont dans le programme de la muni-

(1) 1785   91.416 habitants.   1820   109.483
    1790   106.585   1831   132.300
    1801   102.219 ⎫   1841   156.060
    1806   99.169 ⎪   1846   183.186
    1807   93.060 ⎪   1851   195.138
    1808   102.607 ⎪   1856   233.817
    1809   103.207 ⎬ Diminution attribuée   1861   260.910
    1810   95.586 ⎪ aux guerres du premier empire.   1866   300.131
    1811   96.271 ⎪   1872   312.864
    1812   100.071 ⎪   1876   318.868
    1813   105.734 ⎪   1881   360.099
    1814   111.315 ⎭   1886   376.143
    1815   106.872

(2) Nous avons déjà parlé de l'achèvement du bassin, de la construction d'une gare maritime, de l'établissement d'une ligne directe de Marseille à Calais et d'un système de navigation intérieure par le tracé d'un canal de Marseille au Rhône.

cipalité actuelle. La plus urgente de ces améliorations est, sans contredit, la construction d'un grand collecteur.

« Tout ce que l'on a tenté jusqu'à présent pour assainir Marseille peut être appelé des mesures transitoires, des palliatifs, mais ne constitue pas un remède radical. Qu'on débarrasse le port Vieux et le canal de la Douane de la plus grande partie des égouts qui les empestent, c'est fort bien, mais c'est peu de chose quand on songe que les ports Nord sont exactement dans une situation analogue, sinon pire, et que les égouts détournés du vieux port vont se jeter en mer, c'est vrai, mais tout près de Marseille, dans la rade de Marseille. C'est une amélioration, mais il faut faire autre chose, ne pas nous borner à assainir certains quartiers, les assainir tous. La seule solution de ce problème réside dans le tout à l'égout. »

« ..... Marseille doit suivre l'exemple qui lui a été donné par la plupart des grandes villes, telles que : Paris, Londres, Bruxelles, Amsterdam, Berlin, alors surtout que, par sa situation exceptionnelle, par la configuration de son sol, elle se prête, plus que toute autre, à l'établissement d'un système d'égouts assurant d'une manière complète et définitive l'assainissement de la ville, de tous ses ports et de tout le littoral habité..... »

« Il résulte, en effet, des renseignements que je me suis procurés, que rien ne s'oppose à la construction d'un grand égout, qui partirait de l'extrémité nord de la ville pour aller, presque en ligne droite, de l'autre côté des collines de Marsilho-Vèïré, dans la calanque du Cortiou. » (J.-C. Roux, adjoint au maire de Marseille, Rapport présenté au conseil municipal, séance du 26 juin 1888.)

Les autres principales villes de l'arrondissement de Marseille sont : *La Ciotat*, dont la rade et le port sont protégés par le superbe cap de l'Aigle. La grande industrie est la construction des bâtiments à vapeur, pour la Compagnie des Messageries maritimes. Près de quatre mille ouvriers y exécutent de 6 à 7 millions de travaux par an (10,609 habitants).

Aubagne. Envoie à Marseille les produits de ses jardins et de ses vergers (8,239 habitants). Cette petite ville a une industrie assez prospère : elle fabrique des poteries, des tuiles et des tuyaux de drainage.

Cassis. Petit port très rapproché de Marseille, qui produit les meilleurs vins blancs de la Provence (1,879 habitants).

Roquevaire. A des mines de houille, des fabriques de faïence ; elle fait un grand commerce de câpres (3,436 habitants).

Dans le canton de Roquevaire, mentionnons *Auriol*, *Valdonne*, *Gréasque*, *Peypin*, etc., qui se trouvent dans l'immense bassin houiller compris entre l'Arc, l'étang de Berre, les chaînes de l'Estaque, de l'Étoile, le mont Garlaban et l'Huveaune.

Là gît une mine de lignite très importante, exploitée par la Société des charbonnages des Bouches-du-Rhône.

ARRONDISSEMENT D'AIX (105,859 hab.)

En franchissant, au nord de Marseille, la colline de la Viste, on descend dans le bassin de l'Arc, dont Aix (29,057 habitants) est la seule ville importante.

Déchue de son ancienne importance, cette cité garde cependant la Cour d'appel, l'Académie, les Facultés de droit et des lettres, l'archevêché.

Les eaux thermales (*Aquæ sextiæ*), assez peu connues, mériteraient de l'être davantage ; « elles ne sont pas recherchées des malades, le site y est pour beaucoup (1) ».

Cette ville n'a pas de monuments bien remarquables (2), mais elle possède un beau musée (bas-reliefs gaulois, tombeaux, inscriptions, mosaïques), une bibliothèque fort riche (bibliothèque Méjanes (120,000 volumes, nombreux manuscrits), des fontaines gracieuses, dont quelques-unes versent de l'eau thermale.

Aix est environné de belles et riches campagnes, grâce au canal du Verdon ; elle produit des huiles et des

---

(1) C'est le jugement de Millin. Il est sévère. Les eaux d'Aix ont une valeur sédative remarquable, et l'établissement des bains est confortable et agréable.

(2) L'église Saint-Sauveur, métropolitaine, possède des portes en bois de noyer recouvertes de volets en planches ; on ne les dégage que les jours de grande fête.

amandes célèbres. Celles-ci servent à fabriquer une pâtisserie de bon goût, le *calisson*.

Les *Salyes*, nation ligurienne, occupaient autrefois toute cette contrée; la plaine dans laquelle Aix est située paraît avoir été leur quartier principal. C. Sextius Calvinus bâtit, près du lieu où il les avait vaincus, une ville qui reçut son nom de ses eaux froides et thermales, en y joignant celui de son fondateur, d'où elle fut appelée *Aquæ Sextiæ*.

Aix fut successivement prise et minée par les Bourguignons, les Visigoths, les Sarrasins et les Normands. Elle suivit le sort des autres villes de la Provence ; elle commença à acquérir de l'importance lorsqu'elle devint le séjour habituel des comtes, surtout depuis Alphonse II, roi d'Aragon, prince protecteur de la poésie et poète lui-même.

Ce fut lui qui introduisit en Provence le goût pour la galanterie, et qui attira d'outre-mer et d'Espagne ces aimables conteurs qu'on appela troubadours ; ce goût acquit encore plus de force à la cour du noble fils d'Alphonse, Raymond-Bérenger IV, et de sa charmante épouse Béatrix ; ce fut alors le séjour de ce mélange de politesse, d'esprit et de galanterie, science aimable, expressivement caractérisée par le nom qu'on lui donna de *lou gaï saber* (le gai savoir). Les plus célèbres de ces chanteurs faisaient l'ornement de la cour du comte de Provence. Marguerite, sa fille, qu'il avait *enseignée en sens et courtoisie, et en toutes bonnes mœurs de temps de s'enfance*, fut aussi formée par leurs leçons; et, d'après le portrait que nous en a laissé le naïf Joinville, c'était un modèle d'esprit, de sagesse, de modestie et de bonté. Elle épousa Louis IX (1). Cet esprit chevaleresque se conserva encore sous la malheureuse Jeanne et le bon roi René. Charles III, neveu de celui-ci et son héritier, légua par testament son comté de Provence à Louis XI, qui le réunit à la France; mais, jusqu'à l'époque de la Révolution, cette province avait conservé ses privilèges et ses lois particulières.

Le prince le plus populaire de la Provence fut le roi René, qui habita le plus souvent Aix. Poète, peintre, musicien, il n'avait aucune ambition. Il paraissait persuadé que, pour être heureux, il devait oublier qu'il était roi. Il favorisait l'industrie, protégeait l'agriculture; il se plaisait à cultiver des fleurs; il encouragea la culture du mûrier; les provinces septentrionales de la France lui doivent l'œillet de Provence, la rose de Provins et les raisins muscats. Il faisait élever des oiseaux rares. Il était versé dans la connaissance des livres saints et de la théologie; il était aussi avancé qu'on pouvait l'être alors dans les mathématiques et dans toutes les sciences du temps. Mais l'art de peindre faisait son principal amusement; il reste encore plusieurs des peintures dont il enrichissait les vitres, les murs, les manuscrits.

Aux environs d'Aix se trouve un excellent petit

(1) *Voir* Millin.

bassin minier de charbon (Gardanne. Fuveau, Trets) (1).

La ville la plus importante de l'arrondissement, après Aix, est *Salon*, centre agricole important, grâce au canal de Craponne, à qui les habitants ont élevé une fontaine monumentale. Industrie et commerce remarquables des huiles.

On peut citer, dans le même arrondissement, *Martigues*, « la Venise provençale, » bâtie sur des îlots à l'entrée de l'étang de Berre et peuplée de hardis pêcheurs jadis fameux, mais qui ne sont plus occupés qu'au petit cabotage. Ce nom semble rappeler celui de Marius.

Lambesc, vieille ville (2); *Istres*, centre agricole: *Berre*, sur l'étang de ce nom; *Gardanne*, centre agricole: *Septèmes*, peuplée d'usines de produits chimiques.

ARRONDISSEMENT D'ARLES (82,657 hab.)

Arles (Arelate) fut la première colonie fondée par les Romains après Narbonne. Elle a été, pendant un temps, la capitale de la Rome gauloise.

Treize conciles y furent tenus, du IVe au XIIIe siècle.

En 855, elle devint la capitale du royaume de Provence.

Au XIIe siècle, Arles est une ville libre dont le pavillon

---

(1) Continuation du bassin minier du canton de Roquevaire.

(2) Cette ville, dans les derniers temps de la monarchie, était le chef-lieu d'une principauté qui appartenait à la branche des Brionne de la maison de Lorraine ; les états de Provence y tenaient leurs assemblées.

rivalise dans la Méditerranée avec ceux de Gênes et de Pise. Ce fut son apogée. Malheureusement, les rivalités entre évêques et consuls abaissèrent son autorité et un podestat héritier des pouvoirs des consuls la livra à Charles d'Anjou.

Depuis lors, la décadence commence. « Arles, réduite à l'état de ville de province, perdit peu à peu toute son activité, et les navires marins cessèrent de suivre le canal pour remonter jusqu'à son port. Mais les habitants ont gardé quelque chose de la fierté des anciens jours ; de leur côté, les femmes, célèbres par la blancheur de leur teint, qui fait ressortir leur chevelure noire, ressemblent à des Italiennes par la noblesse des traits et le feu du regard ; elles ont aussi la grâce de l'attitude et le goût dans le costume. »

Les vraies curiosités d'Arles, ce sont les monuments romains, le porche et le cloître de Saint-Trophime ;

Les Arènes ou l'Amphithéâtre, où trois tours sarrasines pèsent lourdement de leur masse carrée sur le cintre des arcades ;

Le Théâtre romain, moins bien conservé, mais dont les ruines sont très pittoresques ;

Le musée, qui contient des morceaux d'une grande valeur artistique et archéologique (bustes, statues, autels et tombeaux) ;

La Vénus d'Arles, trouvée dans les ruines du théâtre, héritage précieux de l'art antique ;

L'église romane de Saint-Trophime renferme un porche et un cloître admirables ;

Enfin, il ne faut pas oublier de mentionner les *Aliscamps* ou Champs-Élysées (anciens tombeaux païens et chrétiens ombragés par le feuillage des peupliers).

Telle était, au moyen âge, la renommée de la *terre sainte* des Aliscamps que, jusqu'au XIIᵉ siècle, les morts des villes riveraines du Rhône étaient munis d'une pièce de monnaie, enfermés dans des tombeaux enduits de résine et livrés au courant du fleuve, comme le sont, de nos jours, les cadavres charriés par le Gange ; les pieux habitants recueillaient les corps flottants confiés à leur foi et les inhumaient suivant les rites sacrés.

Grâce à ses communications avec Bouc et la Tour-Saint-Louis, Arles conserve tout son commerce maritime. Au point de vue agricole, elle a ses prairies, ses bestiaux et chevaux de Camargue, ses délicieux moutons de la Crau. Malheureusement presque aux portes de cette ville, après le faubourg de Trinquetaille, qui communique avec la ville par un beau pont, commence la solitude des marais insalubres... C'est la Camargue, où l'on ne trouve à proprement parler qu'un seul village, tout au bout, près de la mer : celui des Saintes-Maries.

La partie habitée de l'arrondissement d'Arles se trouve au nord et à l'est.

Au nord-est, l'horizon est borné par les Alpilles aux blanches parois, aux arêtes fines, au fin profil grec, qui portent sur un de leurs promontoires la curieuse ville des *Baux*, ancienne capitale de comtes puissants qui luttaient contre des rois, et dont les palais déserts, taillés à même dans la pierre tendre qu'a rongée le temps, offrent le plus bizarre aspect : le rocher des Baux est enfermé

THÉATRE ANTIQUE A ARLES

lui-même dans une espèce de cirque, que se rappelait Dante en décrivant les cercles de l'enfer.

De l'autre côté des Alpilles est *Saint-Rémy*, l'ancienne Glanum détruite par les Visigoths au Ve siècle. Elle a conservé de sa grandeur passée un arc de triomphe très mutilé et un mausolée contemporain de César, admirablement conservé.

Un peu en amont d'Arles, *Tarascon* (9,314 hab.)

élève son château fort à la puissante masse carrée. Cette ville se trouve, avec sa voisine, Beaucaire, située en face de l'autre côté du Rhône, un des carrefours stratégiques et commerciaux les plus importants du territoire. C'est le point de jonction des deux voies historiques du Rhône et du littoral méditerranéen.

Au nord de l'arrondissement d'Arles, le long de la Durance, se trouvent *Châteaurenard* et *Orgon :* deux centres agricoles. Dans la plaine, entre *Saint-Rémy* et *Châteaurenard*, est *Maillane* (1,342 hab.), qui a donné naissance à Frédéric Mistral.

Sur le versant sud des Alpilles et sur la lisière de la Crau se trouvent *Eyguières, Maussane, Le Paradou* avec des débris romains, et *Fontvieille*. Mais l'endroit le plus curieux de ce petit massif est, sans contredit, les *Baux*, dont il a été déjà parlé.

La Crau n'a pas, à proprement parler, de villages : deux stations sur la ligne de chemin de fer : *Raphèle* et *Saint-Martin*.

La Camargue n'a qu'un seul village, les *Saintes-Maries*, dont l'église est si curieuse. — Les deux femmes qui ont donné leur nom à ce pays étaient, d'après une légende fort répandue en Provence, la sœur de la Vierge, mère du Christ, Marie Jacobé, mère elle-même de Jacques le Mineur, et Marie Salomé, mère des apôtres Jacques et Jean.

Avec ces deux femmes se trouvaient Maximin et Lazare, le ressuscité, Marthe, sa sœur, et quelques autres chefs de la jeune milice chrétienne, enfin Marie de Magdala, que le monde entier connait sous le nom de Madeleine, et se représentera toujours « arrosant de ses larmes et essuyant de sa blonde chevelure les pieds du Maître qu'elle avait si souvent écouté dans les ravissements d'une tendresse surnaturelle (1) ».

Après un séjour prolongé, Maximin se dirigea vers Aix ; Lazare se rendit à Marseille, Marthe à Tarascon, Marie-Madeleine à la Sainte-Beaume ; « les deux autres Maries restèrent seules sur cette plage ; c'est là qu'elles vécurent pauvres, ignorées et qu'elles rendirent le dernier soupir.

« De rares chrétiens viennent encore quelquefois visiter leurs tombeaux. »

DÉPARTEMENT DU VAR

Ainsi improprement appelé, comme nous l'avons vu, ce département est presque entièrement occupé par des montagnes et des collines ; des forêts couvrent la moitié environ du territoire. La population est peu dense (2).

---

(1) Superficie : 602,753 hectares ; — Population : 283,639 habitants ; — Cantons : 28 ; — Communes : 145.
Arrondissement de Draguignan : 85,269 habitants ; — Arrondissement de Brignoles : 54,587 habitants ; — Arrondissement de Toulon : 143,833 habitants.
(2) Voir Lenthéric (*Les villes mortes du golfe du Lion*).

Le chef-lieu est *Draguignan* (9,753 hab.), petite ville sur la Martubie, affluent de l'Argens.

Mais le centre d'attraction du département est Toulon (70,122 hab.); c'est la ville la plus peuplée. « Les deux rades et le port qui ont fait la prospérité de Toulon sont parfaitement garantis des vents du large par le massif presque insulaire du cap Sicié et par la presqu'île du cap Cépet. Jamais tempête n'y causa de naufrage. La mer y est un lac. »

Grand établissement naval avec ses immenses approvisionnements, son arsenal bâti par Vauban, se développant sur une étendue de 8 kilomètres, ses bassins et ses darses, ses vastes hôpitaux dont le plus remarquable est celui de Saint-Mandrier, Toulon est le premier port militaire du bassin de la Méditerranée. A l'est, la rade d'*Hyères*, protégée des grands vents et de la houle par la chaine des îles, doit être considérée comme appartenant à la station navale de Toulon, puisqu'elle sert de point de départ et de ralliement aux flottes.

Une série de forts occupent, sur une longueur de 20 kilomètres, tous les promontoires du rivage.

L'importance commerciale de Toulon est presque nulle et vient même après celle de Nice. L'industrie est presque insignifiante.

Des chantiers de construction de premier ordre sont établis à *La Seyne;* ils appartiennent à la Société des Forges et Chantiers de la Méditerranée.

A l'ouest de Toulon sont les petits ports de Bandol et de Saint-Nazaire, qui expédient les denrées des campagnes de Toulon.

La campagne de Toulon est fort belle : le climat y est aussi doux qu'à Hyères.

Le cap Sicié, les gorges d'Ollioules, situées non loin de Bandol, sont remarquables par leur beauté.

A l'est de Toulon, *Hyères*, dans le bassin du Gapeau, possède une magnifique rade. Ses campagnes riches et fertiles sont remplies d'arbres fruitiers et donnent une quantité considérable de primeurs. C'est une résidence d'hiver célèbre dès le XVIe siècle, avant *Cannes* et *Menton*; aujourd'hui un peu délaissée, parce qu'elle n'est pas au bord de la mer; elle en est même séparée par des plages marécageuses et des salines. De plus, sa vallée, largement ouverte au nord-ouest, laisse passer le mistral, dont on ne peut s'abriter que dans les replis de quelques vallons.

Les îles *Porquerolles*, *Port-Cros*, le *Titan* ou *Levant*, qui ferment au sud la rade d'Hyères, sont peu peuplées.

A l'est du massif des Maures, Saint-Tropez (3,636 hab.) est dans un site ravissant. Ce petit port n'a d'autre commerce que le transport des lièges, des bouchons, des « marrons de Lyon » que lui envoie la Garde-Freinet, haut perchée sur un col des montagnes des Maures.

Au nord du massif des Maures, dans le haut bassin de l'Argens, non loin du point de jonction avec le bassin de l'Arc, se trouve *Saint-Maximin*, qui fut de tout temps un lieu de convergence pour un grand nombre de routes.

Plus à l'est, la sous-préfecture de *Brignoles* (4,027 hab.), avec ses tanneries, ses filatures de soie, ses distilleries et ses tuileries.

Sur le parcours de la voie ferrée, mentionnons le *Luc* et *Vidauban*, où se fait un assez grand commerce de vins.

Plus près de la mer est *Fréjus* (Forum Julii), au milieu des terrains marécageux que parcourt l'Argens avant de se jeter à la mer.

DÉPARTEMENT DE VAUCLUSE

Le département de Vaucluse (1), quoique situé dans l'intérieur des terres, est une région essentiellement méditerranéenne. « Toute sa partie occidentale n'est composée que de terres d'alluvions apportées par le Rhône, la Durance et leurs affluents et reposant sur un ancien fonds marin : la véritable vallée du Rhône finissait plus au nord. »

Plus d'un tiers du département appartenait jadis à la Provence ; le reste a été formé par le Comtat Venaissin et la Principauté d'Orange.

---

(1) Superficie : 353,959 hectares ; — Population : 241,787 habitants ; — Cantons : 22 ; — Communes : 150.
Arrondissement d'Apt : 47,397 habitants ; — Arrondissement d'Avignon : 83,288 habitants ; — Arrondissement de Carpentras : 45,994 habitants ; — Arrondissement d'Orange : 65,108 habitants.

La superficie est peu considérable. Il vient après la Seine et le Rhône, mais il est très bien cultivé dans ses plaines, grâce aux canaux d'irrigation.

Le chef-lieu, *Avignon* (41,007 hab.), est admirablement situé à la jonction des deux vallées du Rhône et de la Durance ; ville importante et libre au moyen âge, nommant ses consuls, faisant ses lois, comme Arles et Marseille, elle perdit son indépendance après la terrible guerre des Albigeois, passa de main en main et finit par être la résidence des papes, de 1309 à 1376. De cette époque datent les principaux monuments de la cité qui lui donnent une physionomie à la fois religieuse et guerrière : « Les trente-neuf tours de la vieille muraille d'enceinte ; les nombreux clochers, isolés ou en groupes, que l'on aperçoit par-dessus les créneaux ; les « bourguets », ou petites tours, que les bourgeois avaient élevés par centaines au temps de leur liberté et dont plusieurs se voient encore au milieu des maisons ; la masse énorme du palais des Papes, qui se dresse sur le rocher des Doms avec son aspect de citadelle et de prison, semblent une vision du moyen âge. »

Quelle vue du jardin des Doms!

« Le Ventoux et d'autres montagnes élevées limitent l'horizon de leurs grandes masses bleuâtres ; à leur base s'étend la vaste plaine couverte d'oliviers et de mûriers, qui forment çà et là de véritables forêts ; des murailles blanches et grisâtres aperçues au milieu de la verdure révèlent les villes et les bourgades éparses ; au pied de la colline, on voit s'enfuir l'eau rapide du Rhône, qui vient d'entourer de ses méandres la grande île de la Bartelasse, bordée de saules et de peupliers. En face sont les maisons et les remparts démantelés de Villeneuve, qu'un pont fameux, « bâti par le diable et par saint Bénézet, » réunissait jadis à la vieille ville : ce fut, pendant plus d'un siècle, de 1188 à 1309, le seul pont construit sur le fleuve en aval de Lyon. »

« Avignon appartint au pape jusqu'à la Révolution. Ayant succédé pour un temps à la Rome catholique, elle se remplit de couvents de tout ordre dont les cloches carillonnaient incessamment : de là le nom de « ville sonnante », que lui donna Rabelais. Alors elle était morne et sans industrie : l'herbe poussait dans ses rues étroites et tortueuses, recourbées dans tous les sens pour échapper au souffle du mistral... Mais depuis la Révolution, Avignon est devenue une des premières cités du Midi comme lieu de manufactures et d'échanges. Elle dévide et file les soies qui proviennent des campagnes environnantes, construit des machines agricoles, expédie aux habitants de la plaine et de la montagne, jusqu'aux Alpes de la frontière italienne, tous les articles dont ils ont besoin (1). »

Au point de vue agricole, Avignon et le Vaucluse ont subi bien des vicissitudes : la maladie des vers à soie ;

(1) Élisée Reclus.

le phylloxéra (30,000 hect. de vigne réduits à 3,000); la production de la garance, réduite à rien par la découverte de l'*alizarine*, extraite de la houille.

LE CHATEAU DES PAPES, A AVIGNON

« La statue du Persan Althen, dressée dans le jardin des Doms, et le village d'Althen-les-Paluds, au bord de la Sorgues, ne rappelleront bientôt plus qu'une industrie du passé, ou plutôt malheureusement, *c'est fait.* »

La république d'Avignon a laissé un monument qui est populaire encore. On n'en voit plus, il est vrai, que les restes, mais les traditions et surtout une ronde enfantine en ont rendu le souvenir impérissable :

> Sur le pont d'Avignon
> Tout le monde y passe...

On dira peut-être que la construction de ce pont, tout extraordinaire qu'elle fût en 1177, est naturelle, qu'elle témoigne seulement de la prospérité de la commune, que la corporation des Hospitaliers pontifes, créée spécialement pour ce genre de travaux, date du milieu du XIIe siècle, et que le chef de cette corporation, Bénézet (le petit Benoit), avait déjà bâti un pont sur la Durance, à Maupas, quand il vint offrir ses services aux consuls de la république. Bien plus, il est certain qu'il y avait eu déjà un pont romain à cet endroit : on voit encore, quand le Rhône est bas, la naissance des vieux arceaux romains dans les substructions du pont Saint-Bénézet. Mais c'est là de l'histoire ; voici la légende, et, pour tout bon Avignonnais, elle est plus vraie que l'histoire :

Bénézet était un jeune berger, né dans les environs de Viviers, en Vivarais. Un jour qu'il gardait le troupeau de sa mère, par trois fois, une voix, la voix de Jésus-Christ lui-même, l'appela et lui ordonna d'aller à Avignon jeter un pont sur le Rhône. L'enfant interdit songe d'abord à ses moutons : que deviendra son troupeau en son absence? et puis comment pourra-t-il bâtir un pont, lui qui ne sait rien, pas même où se trouve le Rhône, et qui n'a que sept oboles? « Ton troupeau sera gardé, ramené ; toi-même tu sauras tout ce qu'il faut à mesure qu'il le faudra ; on te conduira et l'argent ne te manquera pas. » Un ange, sous la figure d'un pèlerin se présente ; il n'y a plus qu'à obéir.

Au bord du fleuve, le guide de Bénézet le quitte en lui donnant les derniers encouragements. Un batelier consent à passer l'enfant pour trois deniers. Il se rend directement à l'église, où l'évêque prêchait, s'avance résolument au milieu des fidèles, et, d'une voix ferme : « Écoutez tous, dit-il, Monseigneur Jésus-Christ m'envoie pour faire un pont sur le Rhône. » L'évêque, interrompu par un personnage de si chétive apparence, et indigné, comme on peut le croire, le fait conduire au viguier pour être châtié de son insolence et de son imposture. Bénézet répète au viguier ce qu'il a dit à l'église. » Un pont sur le Rhône, toi, un misérable berger, quand pas un roi, pas même le grand Charlemagne n'a osé l'entreprendre! Cependant, avant de te punir comme tu le mérites, je veux bien t'éprouver. Tu vois cette pierre? si tu peux la porter, je croirai que Dieu t'envoie. » L'évêque et le peuple sont convoqués pour assister à l'épreuve. La pierre, Nostradamus l'affirme, n'avait pas moins de treize pieds de long sur sept de large : elle était épaisse à proportion. Bénézet la soulève comme un léger fardeau, la charge sur ses épaules, et, suivi de l'évêque et du viguier tout ébahis, au milieu des acclamations du peuple entier, la porte jusqu'au bord du Rhône. « Voilà pour les fondations! » dit-il en la posant à terre. On imagine aisément l'enthousiasme, l'allégresse universels. Avant la fin de la journée, le berger, vénéré déjà comme un saint, avait recueilli cinq mille sous d'or pour compléter son miracle. Il montra qu'il en pouvait faire aussi d'autres, et tous les aveugles, tous les sourds, tous les boiteux de la ville en profitèrent.

La légende aurait bien dû ajouter quelques détails sur l'emploi des sous d'or, sur la construction même du pont. Elle s'arrête là. Nous savons toutefois que huit ans suffirent pour venir à bout de l'entreprise, mais Bénézet ne vit pas l'achèvement de son œuvre. (Extrait de l'ouvrage de M. A. Penjon.)

Mais les eaux abondantes de la plaine permettent aux paysans de changer facilement leurs cultures (primeurs, fruits, fraises). Quant à l'aspect des montagnes, il a été déjà modifié par la plantation des chênes truffiers (Ventoux).

Sur la Nesque, *Pernes*, petite ville commerçante, a donné naissance à Fléchier. Au centre du département, la petite ville de *Monteux*, avec sa tour crénelée qui rappelle le séjour du pape Clément V, est située dans une large plaine d'alluvion comme *Entraigues*, baignée par la *Sorgues*; *Athen-les-Paluds* et l'importante sous-préfecture de *Carpentras*.

ARC DE TRIOMPHE D'ORANGE

Carpentras (9,686 hab.) (Carpentoracte) est un endroit charmant. « C'est bien injustement que le seul nom de Carpentras évoque l'idée d'une petite ville de province, peuplée de bourgeois vaniteux et médisants;

il se trouve précisément que, toute proportion gardée, Carpentras est, parmi les villes de faible population, une de celles qui se distinguent le plus par l'industrie, l'amour des sciences et des arts. »

Elle a bibliothèque et musée, et forme elle-même une sorte de musée par ses monuments, depuis l'arc de triomphe romain jusqu'à son bel hôtel du XVIIIe siècle et à ses grands aqueducs (Patrie de Raspail).

Au nord du département, se trouve *Orange* (10,200 hab.), sous-préfecture, jadis chef-lieu de la principauté d'où sortit la maison de Hollande, qui rivalise avec Carpentras.

Elle possède deux monuments romains qui sont, chacun dans son espèce, les plus beaux et les mieux conservés de la France entière : le *Théâtre* et l'*Arc de triomphe* dressé par Tibère, pour rappeler la défaite de Julius Florus et de l'Eduen Sacrovir.

A la base septentrionale des derniers contreforts du mont Ventoux sont situés : *Vaison*, avec des ruines romaines, sa belle église de Saint-Quenin, ses fabriques de chaux, de poteries, etc...., et *Malaucène*, dont les filatures et les papeteries sont mises en mouvement par la puissante source du *Grozeau* (grosse eau). A la pointe nord-ouest du département, il convient de citer la petite ville de *Bollène*, avec ses murailles moyen âge et ses mines de terre réfractaire uniques en France.

Enfin, enclavée dans le département de la Drôme, se

dresse sur une colline élevée, *Valréas*, patrie du cardinal Maury ; c'est un centre agricole important, surtout pour la production de la soie ; elle possède des filatures de soie et de nombreuses fabriques.

Le département de Vaucluse est séparé du département des Bouches-du-Rhône par le cours de la Durance, sur une longueur de 200 kilomètres.

On y rencontre *Pertuis*, qui doit son nom au défilé ou « pertuis » de la Durance dont elle garde l'entrée, et *Cavaillon*, qui conserve une porte romaine et exporte des melons renommés.

Au cœur de la région montagneuse, sur le revers septentrional du Luberon est la ville d'*Apt* (5,635 hab.), sur le Calavon. Elle possède des mines de soufre, les seules qui soient fructueusement exploitées en France, et des gisements de terres plastiques alimentant des fabriques de poteries fines. Elle exporte des fruits et fabrique des confitures.

DÉPARTEMENT DES BASSES-ALPES

Le département des Basses-Alpes (1), parcouru par la haute Durance, est, avec celui des Hautes-Alpes, la

---

(1) Superficie : 695,418 hectares ; — Population : 129,494 habitants ; — Cantons : 30 ; — Communes : 251 ; — Arrondissement de Barcelonnette : 15.477 habitants ; — Arrondissement de Castellane : 18,059 habitants ; — Arrondissement de Digne : 44,332 habitants ; — Arrondissement de Forcalquier : 31,524 habitants ; — Arrondissement de Sisteron : 20,102 habitants.

région la plus pauvre et la moins peuplée de France.

Les Hautes-Alpes ont vingt et un habitants par kilomètre carré, les Basses-Alpes n'en ont que vingt.

L'arrondissement le plus montagneux et le moins peuplé a pour chef-lieu *Barcelonnette* (2,143 hab.), dans la vallée de l'Ubaye. « Ce n'est qu'une longue rue entourée en partie de champs de pierres où les eaux débordées roulent avec fracas après les grandes pluies. » Elle pourra être plus importante quand la route internationale qui passe au col de Larche ou de l'Argentière sera terminée du côté de l'Italie.

L'arrondissement de *Sisteron* (5,742 hab.) (vallée de la Durance et du Buech) présente moins de rudesse et de solitude. Cette ville est fort pittoresque ; elle est dominée par un rocher à pic et par une citadelle.

Au sud, la gracieuse *Manosque* annonce par son climat et les produits de son sol la véritable Provence. Elle fait un commerce de vins, d'huiles, de soies grèges, de fruits. — Elle a des mines de lignite et de gypse, et des fabriques diverses.

La ville la plus importante du département, par son commerce, est le chef-lieu de l'arrondissement, *Forcalquier* (2,912 hab.), bâtie en amphithéâtre sur un coteau calcaire éloigné de la Durance.

Le chef-lieu du département est *Digne* (6,363 hab.), situé à 639 mètres d'altitude, dans une sorte d'entonnoir parcouru par la Bléonne, véritable torrent. Elle possède des sources d'eaux thermales sulfureuses.

Dans la vallée du Verdon, se trouve le chef-lieu d'arrondissement, *Castellane* (1,813 hab.), aux tours crénelées. Ses environs sont fort curieux à cause de leurs sources, de leurs grottes, de leurs fossiles.

Sur la frontière des Alpes, et non loin des sources du Verdon, est bâti le bourg fortifié de *Colmars*.

Au sud du département, entre la Durance et le Verdon, signalons : *Gréoulx*, avec ses eaux thermales salines et sulfureuses connues des Romains ; *Riez*, avec ses ruines romaines, dont les plus remarquables sont quatre colonnes corinthiennes en granit gris de l'Esterel ; *Valensolle*, patrie de l'amiral de Villeneuve ; et *Entrevaux*, sur le Var, qui rappelle l'héroïque résistance de ses habitants contre l'invasion de Charles-Quint.

LA RACE, LE CARACTÈRE

LA LANGUE, LES LETTRES ET LES ARTS

Depuis le jour où les Grecs de Marseille appelèrent les Romains sur le vieux territoire des Celto-Ligures, il n'est pas une province française qui ait eu plus de maîtres étrangers que la Provence.

Après les Romains, les Wisigoths; après les Wisigoths, les Burgondes ; après les Burgondes, les Ostrogoths ; après ceux-ci, les Francs d'Austrasie, puis les Francs de Neustrie, puis les Tudesques (1), puis de nouveau les Bourguignons, puis la suzeraineté effective de l'Empire, puis la domination des comtés de Barcelone et celle des comtes de Toulouse, et enfin celle des comtes d'Anjou, sous lesquels elle fut réunie à la France.

(1) L'ancien royaume d'Arles appartint pendant quelque temps à des souverains germaniques.

Cette succession ininterrompue de conquérants s'explique autant par la beauté de ce pays et l'attrait de son climat que par son admirable situation. Mais le fond de la population est resté gallo-romain.

L'intendant *Le Bret*, en 1698, dépeignait ainsi, dans un rapport, le caractère des Provençaux :

« Les Provençaux sont naturellement sobres quand ils vivent à leurs dépens ; ils ont assez de courage, mais ils sont inconstants... Ils sont très grands parleurs, aiment à débiter des fables de leur composition, fort entêtés de leur propre mérite et arrogants : ils haïssent la dépendance. Cette disposition les a fait regarder à la cour comme des sujets très disposés à la révolte. »

Ce jugement est un peu dur. Sans doute, le Provençal est brusque, sans façon, d'un tempérament emporté ; mais le fond du caractère est la franchise. « Nous disons avec feu, avec vivacité, hardiment ce que nous pensons ; nous sommes enfin tout d'une pièce... Le fond de notre caractère est la rondeur et la familiarité, que l'on confond trop aisément avec le sans-gêne et la brutalité. » (Horace Bertin, *Les Marseillais*.)

Ce jugement d'un Provençal, fin observateur, quoi qu'il soit juge dans sa propre cause, pourrait bien être le vrai.

Les formes cérémonieuses, l'étiquette, ne sont pas le fait des Provençaux. « Sous ce mépris involontaire du *salamalec* et du jargon de la politesse traditionnelle, nous cachons un naturel bon enfant, obligeant, prompt à rendre service, facile à émouvoir, à attendrir... Au fur et à mesure que l'on nous connaît mieux, les préventions s'affaiblissent ou disparaissent, et l'on finit par démêler chez nous un véritable fond de bonté. » (H. Bertin.)

La langue provençale, si brillante au moyen âge, si belle encore dans la bouche des grands poètes, *félibres* contemporains, Mistral, Gras, Aubanel, Roumanille, semble être sortie du latin.

Néanmoins, comme le remarque Fauriel, il y a dans le provençal beaucoup de mots étrangers au latin.

Le fond de la langue française, du Nord au Midi, est resté gaulois, mais ce fond a été enrichi, fécondé par des éléments étrangers.

La langue française, subissant l'influence du latin, devint la langue *romane*, qui fut parlée au nord comme au midi de la Loire, comme en Italie et en Espagne (Catalogne et royaume de Valence, Baléares). (Voir Raynouard.)

Le fameux serment de Strasbourg, prononcé en 842 par Louis le Germanique, devant les soldats de Charles le Chauve, se rapproche beaucoup du roman provençal, tel que nous le voyons au xe siècle. (Villemain.)

On peut inférer de tout ceci qu'une langue commune, malgré quelques variations, était parlée dans toute la France.

C'est de la souche *romane* que sortirent les deux langues sœurs parlées au nord et au midi de la Loire.

La langue provençale ou langue d'oc, plus accentuée, plus musicale que sa sœur du Nord, la langue d'oïl, après avoir resplendi d'un vif éclat au moyen âge, suivit la destinée de la Provence vaincue, puis confondue dans l'unité française.

La langue perdit chaque jour de son importance, cessa d'être la langue écrite et redevint un idiome vulgaire qui est allé toujours en s'altérant.

Le grand poète Mistral ne veut pas qu'on donne au provençal le nom de patois.

Sans doute, avec autant de science que d'inspiration, Mistral écrit dans ses poèmes la belle langue provençale d'autrefois ; mais, si l'on en croit un critique, l'auteur de « Mireille » et de « Calendau » n'a fait qu'un travail archaïque ; il a voulu, avec un patois, créer une langue littéraire qui n'existe point et qui est même très peu comprise dans la Provence de nos jours.

Il y eut autrefois une langue d'oc, une langue d'oïl, mais ces deux grands courants jaillis d'une même source ne se sont séparés un temps que pour se rejoindre

Ces considérations, que nous croyons justes, ne doivent pas empêcher d'apprécier à leur juste valeur des œuvres de premier ordre, qui n'ont qu'un tort, celui de ne pouvoir être lues que par l'infime minorité des Français, et nous rendons bien volontiers hommage à la tentative, toute en l'honneur des lettres, des félibres provençaux.

Mais qu'est-ce que les félibres et le félibrige?

Félibre! d'où vient ce mot? Les uns le font dériver de *qui facit libros* (qui fait les livres), mais tout porte à croire que ce mot signifie *libre dans sa foi*, homme de la foi libre. Attribué aux apôtres dans de vieilles prières, ce nom a été choisi par les poètes provençaux de la vallée du Rhône (1).

Le félibrige est donc le mouvement littéraire provoqué par les félibres ; mais il faut remonter un peu haut.

Au moyen âge, la France était partagée en deux langues sœurs, la langue du Nord ou langue d'oïl et la langue du Midi ou langue d'oc. La croisade religieuse de Simon de Montfort, en détruisant la civilisation du Midi, assura la suprématie de la langue du Nord, qui devient la *langue française*. La langue d'oc ou langue provençale, illustrée par des troubadours célèbres, ne tarda pas à tomber en décadence ; toutefois, elle continua à être parlée par les laboureurs, les pâtres et les marins.

Quelques œuvres populaires parurent de temps en temps à travers les siècles, pour récréer et charmer les populations restées fidèles à la langue des troubadours. Citons surtout les « Noëls » provençaux de Saboly, le célèbre organiste d'Avignon sous Louis XIV ; mais, en

(1) Garcin (*Les Français du Nord et du Midi*.

somme, rien de bien marquant jusqu'à la fin de la première moitié du XIXe siècle, où *Roumanille*, avec ses premières poésies, *li Margaridetto* (1847), devenait le promoteur d'une véritable pléiade, qui comprit bientôt *Frédéric Mistral, Théodore Aubanel, Anselme Mathieu*, Gras, etc..., jeunes poètes, tous enfants de la vallée du Rhône.

Mistral devint bientôt l'âme (1) du groupe, « le noble maître du chœur. » Un beau dimanche de mai en 1854, les sept amis réunis d'aventure au château de Fontsegugne, en face de Vaucluse, se jurèrent solennellement de restaurer l'édifice des anciens troubadours. Ils se donnèrent le nom de *Félibres*. Dès le lendemain, ils s'occupèrent de rédiger cet *Armana provençacu* d'Avignon, qui devait contribuer à fixer les principes de la langue (2) dans le peuple qui l'avait conservée.

Mistral consacra cette *langue* provençale, qui renaissait pour ainsi dire de ses cendres, par un chef-d'œuvre retentissant: *Mireille* (1859). Lamartine le salua comme un grand poème épique.

« Il y avait, dans ce poème, deux choses : un roman simple, mais pathétique, et le tableau vivant d'une con-

---

(1) Le Capoulié.

(2) « Langue d'amour, s'il est des *fâts* et des *bâtards*, ah! par Saint-Cyr! tu auras à ton côté les mâles au terroir, et tant que le mistral farouche bramera dans les roches, ombrageux nous te défendrons à boulets rouges, car c'est toi la Patrie, et toi la Liberté..... » (Calendau, chap. IV, p. 157.)

trée féconde en beautés naturelles et en souvenirs de l'antiquité ou du moyen âge; c'était l'histoire de deux amoureux et la peinture de tout un pays (1). »

Revenons à l'*Armana provençaou*. Ce fut le livre populaire où les félibres mirent prose et vers, contes joyeux et plaintives élégies, proverbes et chansons; ce fut leur moniteur. Là brillèrent, à côté du maître : Roumanille, l'incomparable conteur des usages du terroir; Aubanel, le poète passionné de la *Grenade entr'ouverte*, des *Filles d'Avignon* et du *Pain du péché;* Anselme Mathieu, « insouciant comme une cigale; » Félix Gras, qui a fait revivre la chanson de geste, le *romancero* provençal, et une foule d'autres qui poursuivent tous la réhabilitation des idiomes populaires.

Une renaissance analogue se produisait en même temps dans les lettres catalanes vers 1860. Les jeux floraux étaient solennellement rétablis à Barcelone. L'année suivante, Mistral signala le fait comme un symptôme du réveil de la langue d'oc dans tous ses dialectes, et il répondit aux Catalans par une ode faisant appel à la vieille fraternité des deux peuples, quand Jayme le conquérant tenait réunis sous le même sceptre les deux pays de Provence et de Catalogne.

L'ambition des félibres embrassa bientôt tout le midi de la France avec le nord-est de l'Espagne.

L'*Armana prouvençaou* de 1867 annonçait ainsi la

(1) Garcin (*Les Français du Nord et du Midi*).

nouvelle œuvre de Mistral, le poème de *Calendau* : « Cette nouvelle œuvre de notre chef, œuvre de sept années, œuvre d'enthousiasme et de virilité, va passionner toutes les âmes généreuses et asseoir notre Provence dans sa conscience de nation (1). »

Calendau est une œuvre symbolique. Estérelle, fille des princes des Baux, c'est la Provence. Les persécuteurs d'Estérelle, ceux qui veulent l'empêcher d'épouser son bien-aimé Calendau... ce sont les envahisseurs de cette terre méridionale. Calendal, c'est le peuple provençal qui la veut posséder.

Dans cette œuvre, et dans les notes qui l'accompagnent, le poète provençal saisit tous les motifs pour signaler l'antagonisme qui existe encore, selon lui, entre la race du Nord et la race du Midi, entre les *Franchimands* et les Provençaux. La vraie cause de la croisade contre les Albigeois a été cet antagonisme, le prétexte religieux n'était que le motif.

En appréciant de sang-froid les faits de notre histoire, il est permis de dire que Mistral s'est laissé entraîner par son enthousiasme poétique et son amour pour sa chère Provence.

Il est parfaitement établi que le Midi était rempli d'hérétiques : Ariens, Manichéens, Pauliciens et Vaudois. C'est Rome, et Rome seule, qui arma la main des exterminateurs et donna le signal du massacre des

(1) *Et asseta nostro Prouvenço dins sa counscienço dé natioun.*

Albigeois (1) : « Nous enjoignons à tous les peuples de prendre les armes contre les Vaudois, » lettre du pape Innocent III. Les dépouilles furent partagées par les mains de la papauté.

Quoi qu'il en soit, le félibrige embrassa peu à peu presque tout le midi de la France avec le nord-est de l'Espagne.

La Société des langues romanes se fonda en 1870, à Montpellier, sur la rive droite du Rhône, pour favoriser le mouvement d'expansion. En même temps, on créait la *Revue des langues romanes*, destinée à étudier scientifiquement la langue et à faire valoir ses titres au rang de langue littéraire. En 1874, le provençal affirma, aux fêtes de Pétrarque, sa dignité d'idiome vivant ; des discours furent prononcés en cette langue entre des discours français et des discours italiens. En 1876, aboutissant enfin à une organisation complète, le félibrige se constitua comme une sorte de grande Académie du Midi, qui n'a pas cessé de fonctionner depuis et dont les membres vont sans cesse croissant en nombre.

Ce nombre s'élève aujourd'hui à environ douze mille ; les membres se donnent le nom de mainteneurs ; ils choisissent des majoraux, dont la réunion forme le consistoire du félibrige. Les pays de langue d'oc sont partagés en quatre maintenances, présidées par des syndics rele-

---

(1) A l'instigation de quelques méridionaux. Nous l'avons établi. Voir la partie du livre : *Histoire*.

vant du consistoire, à savoir : Provence, Catalogne, Aquitaine et Languedoc. Les maintenances se partagent elles-mêmes en écoles ; la seule maintenance de Provence en compte dix actuellement. L'Aquitaine est la maintenance où le mouvement a le plus de chance de devenir populaire, car c'est là que les dialectes ont conservé le plus de vie au milieu du peuple. On estime que les livres publiés depuis trente ans par le félibrige s'élèvent à plus de trois mille. Les œuvres avec la traduction française s'adressent aux lettrés, les paysans ne connaissent guère que les chansonniers locaux et les almanachs de leur province. L'*Armana provençaou*, rédigé par l'élite des félibres, tire à plus de dix mille exemplaires. C'est une question fort controversée parmi les félibres de savoir si les publications provençales doivent être accompagnées d'une version française ; la *Revue félibréenne*, qui suit ce dernier système, est en butte à de vifs reproches à ce sujet ; les Provençaux fanatiques font observer que, puisque les œuvres françaises paraissent sans traduction provençale, il n'y a pas de raison pour que les œuvres provençales paraissent avec une traduction française. C'est confesser que le provençal n'est pas une langue.

« Comment le patriotisme français doit-il considérer ce mouvement qui donne tant de preuves de vitalité ? Les uns, comme M. Renan, n'y voient qu'une richesse de plus ajoutée au patrimoine national ; les autres craignent qu'il ne tende à repartager la France en deux, avec deux langues et deux âmes ? »

Nous sommes de l'avis de M. Renan.

.*.

Cette école si intéressante du *félibrige* n'a pas pour adeptes tous les poètes et les littérateurs provençaux. Quelques-uns d'entre eux, inspirés par les souvenirs, les légendes et la nature de ce pittoresque pays, ont exprimé en français leurs impressions et leurs sentiments. Sans parler d'Alphonse Daudet et de Paul Arène, dont les œuvres font la joie des lettrés, nous citerons spécialement Jean Aicard, qui a publié le manifeste de la nouvelle école : « Poètes, nous ne sommes pas pour arrêter la marche de la vapeur. Nous sommes pour essayer de donner la durée des œuvres d'art aux formes que détruisent le temps et les forces nouvelles, et pour annoncer les forces de l'avenir. Fixons-les dans les choses provinciales qui s'en vont, dans la langue qui doit leur survivre. N'était-ce pas la volonté de Brizeux? Ce sera demain celle de Gabriel Vicaire, qui nous chantera la Bresse. Gabriel Marc nous dira l'Auvergne et Charles Grandmougin la Franche-Comté. Et nous aurons un jour, vous verrez! une représentation poétique par provinces de toute la belle France.

« Quant aux patois, ils sont, et c'est tout simple, impuissants à rendre les idées nouvelles. Le provençal est un diome mort qui correspond admirablement aux choses mortes, à la légende et à la foi; il ne peut pas exprimer a *pensée*, qui est chose neuve. »

***

De toutes les sociétés littéraires de la Provence, l'Académie de Marseille est la plus importante. Fondée le 2 janvier 1726, elle fut autorisée par lettres patentes du mois d'août suivant. Ces mêmes lettres désignaient le maréchal de Villars comme protecteur de la Société.

Elle avait pris, depuis 1766, le titre d'Académie des belles-lettres, sciences et arts, lorsqu'elle fut supprimée par un décret de la Convention de 1793, en même temps que toutes les autres sociétés littéraires patentées.

Elle se réorganisa en avril 1799, sous le titre de Lycée des sciences et arts de Marseille, et admit dans son sein les membres de l'ancienne Académie de peinture, qui avait elle-même disparu lors du décret de la Convention déjà cité. Ceux-ci formèrent dans la Société la classe dite des beaux-arts.

En 1802, la Société reprend le titre d'Académie des sciences, belles-lettres et arts, qui est encore le sien aujourd'hui. Le nombre de ses membres, qui était de vingt à l'origine, est maintenant de quarante, et l'on a compté parmi eux des célébrités (1).

(1) Monseigneur de Belzunce, évêque de Marseille, l'un des fondateurs; Dandré-Bardon (1750-1783), fondateur de l'Académie de peinture; Aug. Gays; Borély; Guill. de Saint-Jacques Silvabelle, astronome; Mourraille;

L'Académie de Marseille a eu parmi ses membres associés : Lefranc de Pompignan; Voltaire, élu sur sa demande en date du 29 décembre 1745; François de Neufchâteau (1766); Monthyon (1772); de Zach et le duc de Saxe-Gotha (1786); l'abbé Barthélemy (1788); le philologue Raynouard (1805); Portalis; Dumont d'Urville; Champollion le jeune; Papéty; Lamartine; Armand de Pontmartin; le général Faidherbe.

Les publications de l'Académie se composent de deux séries de *Recueils*, de 1717 à 1786, et de deux séries de *Mémoires*, de 1803 à nos jours; d'une *Histoire de l'Académie* en trois tomes in-8°, par Lautard (1826 à 1843); d'une nouvelle histoire de la Compagnie, sous le titre de l'*Académie de Marseille*, par l'abbé Dassy, 4 volumes in-8° (1877), etc., etc.

Elle distribue annuellement des prix, dont les principaux proviennent de deux fondations de 300 francs chacune, faites par le maréchal et le duc de Villars, et d'une fondation de 500 francs de rente due à Félix de Beaujour. Les prix sont attribués alternativement aux lettres, aux sciences et aux beaux-arts.

l'oratorien Papon; Grosson; Campion; le graveur Poize (an VII); le sculpteur Chardigny; Philippe Girard; le préfet Delacroix; le préfet Thibaudeau; le maire d'Anthoine; Pierre Blancard, qui importa le chrysanthème en Europe (1803-1826); Lautard; le poète Méry; l'érudit Mortreuil; l'ingénieur de Montricher; le peintre Loubon; Bénédit; l'astronome Leverrier; Clot Bey; le poète Gaston de Flotte; le poète Joseph Autran; l'architecte Coste; le mathématicien Aoust; l'abbé Dassy, fondateur des instituts des Jeunes Aveugles et des Sourds-Muets, secrétaire perpétuel de l'Académie, etc.

Le mouvement artistique de la Provence s'est concentré de nos jours à Marseille.

La grande cité commerciale de la France a toujours montré qu'à la pratique de l'industrie elle savait unir le goût des arts. Mais c'est surtout dans ces dernières années qu'elle a réalisé des progrès notables dans les diverses branches de l'art.

L'extension donnée par les municipalités de cette grande ville à l'enseignement des beaux-arts a permis à beaucoup de jeunes gens de se livrer à de sérieuses études. Ainsi s'est formée une pépinière d'artistes marseillais, dont bon nombre ont obtenu pour leurs œuvres les honneurs du Salon (1). On compte même parmi ces derniers un grand prix de Rome, ainsi que plusieurs titulaires de médailles et de mentions honorables (2). Les succès des sculpteurs marseillais au Salon ont été surtout remarquables : on compte à leur actif deux

(1) L'influence de M. Vollon, l'un de nos artistes parisiens, durant un séjour qu'il fit à Marseille, a été pour beaucoup dans ce mouvement en avant. On pourrait relever dans les livrets officiels du Salon les noms suivants d'artistes marseillais pour la figure : Barbeiris, Baret, Barthalot, Bompard, Crémieux, Delort, Fronti, Lagier fils, Maistre, Maury, Mayan, Monges, Pinta, Poujol, Rouffin, Tanoux ; Mme Constantin et Mlle Magaud ; — pour le paysage et la marine : Allègre, Casile, Coste, Décanis, Garibaldi, Larche, Martin, Vimar ; — pour le dessin et l'aquarelle : Alby, Cabasson, Espinas, Mouren, Paul Martin, Pauxato.

(2) Pinta, lauréat du grand prix de Rome, ancien élève de l'école des Beaux-Arts de Marseille et de Cabanel ; — Bompard, Casile, Décanis, Moutte et Rouffio, médaillés ; — Mentions honorables aux suivants : Jourdan et Maistre, professeur à l'école de Marseille ; Mme de Mertens, établie à Marseille ; Lagier fils, E. Martin, Monges, Poujol et Tanoux, élèves de l'école de Marseille et du peintre Régnier.

grandes médailles d'honneur, un prix de Rome et une mention honorable (1).

Ces résultats sont récents ; ils embrassent la période des dix dernières années et ont été obtenus par la nouvelle génération des artistes marseillais. Ils sont remplis de promesses pour l'avenir.

Quoique leurs noms soient connus ici de quiconque s'occupe un peu d'art, nous tenons, au risque de blesser leur modestie, à désigner, par ordre alphabétique, les artistes marseillais qui jouissent dans leur cité d'une notoriété incontestée et dont les œuvres ont attiré et attirent encore l'attention des connaisseurs ; — pour l'histoire, le genre et le portrait : Aiguier, Boze, Guindon, Lagier, Loubon, Magaud, Mme de Mertens, Moutte, Régnier, Torrents ; — pour le paysage, la marine, les animaux et la nature morte : Casile, Décanis, Jourdan, Maglione, Ponson, Aimé Ponson, Simon, Suchet, Viguier, Vimar ; — dans la sculpture : Aldebert, Bontoux, Clastrier, Laugier, Salomon, Poitevin.

Marseille s'honore encore de compter plusieurs de ses enfants au nombre des artistes en vue à Paris : Fabius Brest, Durangel, Huguet, Reynaud, Rouffio, Saint-Pierre, ce dernier membre du Jury d'admission au Salon, et, parmi les sculpteurs : Allar, Turcan et Hugues.

Quant au caractère des œuvres sorties des ateliers des

(1) Grands prix d'honneur : Allar et Turcan; — Prix de Rome : Hugues; — Mention honorable : Aldebert.

artistes marseillais depuis environ dix ans, il se distingue surtout dans la peinture par une tendance prononcée vers les sujets du genre et les vues de la nature provençale, pris et interprétés sans aucune préoccupation de tendance et d'école. Plusieurs artistes marseillais, parmi les plus brillants, n'ont même fréquenté d'autre école que celle de la nature. En sculpture, on constate l'attachement aux principes de l'école française.

En résumé, Marseille peut se féliciter des résultats artistiques qu'elle a obtenus dans ces dernières années. Les expositions locales, brillamment inaugurées par l'association des artistes marseillais, marqueront certainement une étape nouvelle et une marche ascendante vers le progrès.

Toulon et le Var offrent un certain nombre d'artistes, dont un, M. Montenard, a conquis une légitime réputation en peignant la nature et la mer provençales (1).

---

(1) Les artistes suivants du « Var » ont exposé au Salon : 1° pour le portrait : MM. Galian, Pélabon, Amoretti; — 2° pour la marine : Dauphin, Montenard; — 3° pour la sculpture : Baralis, Guglielmi, Hercule; — 4° pour le paysage : Garaud, Bertrand; — 5° pour la gravure : Aressi; — 6° pour le pastel : Gensollen. — Les deux frères Allard, originaires du « Var », sont prix de Rome.

MOEURS ET COUTUMES

Le plus grand plaisir du Provençal, qui ne se déplace guère, c'est d'aller passer à la campagne les jours de dimanche et de fête.

Le plus original de ces excursionnistes de banlieue est, sans contredit, le Marseillais.

La villégiature marseillaise peut se diviser en trois catégories : la villa, la bastide, le cabanon.

La *villa* est une importation italienne, tandis que la *bastide* est essentiellement marseillaise; c'est la campagne du vieux Marseillais, fidèle aux vieilles traditions.

Le *cabanon* est la villégiature populaire par excellence. C'est là, dans une maisonnette grande comme la main, dans un jardinet aussi grand que la maisonnette, que règne en souveraine l'exhubérante gaieté du dimanche.

« Qué sian counténn quand sian au cabanon! (que nous sommes contents quand nous sommes au cabanon) » dit la *chanson du cabanon*, et elle dit vrai, car on s'y donne du rire et du bon temps pour tout le reste de la semaine (1).

C'est là particulièrement que se fait l'*aïoli*.

Le cabanon est presque toujours situé au bord de la mer, aussi y fait-on souvent la *bouillabaisse*.

L'aïoli est une espèce de pâte d'ail pilé, humectée d'huile d'olive. On le mange avec divers légumes bouillis (pommes de terre, carottes, topinambours), de la morue bouillie et des escargots. L'aïoli a été surnommé pittoresquement le *beurre de Provence*.

La bouillabaisse est une soupe de poissons qui, pour le Provençal, pour le Marseillais surtout, est le mets des dieux. Elle se fait avec divers poissons ou crustacés : *fiélas*, langoustes, écrevisses de mer, *rascasses*, loups, *roucaous*, que l'on fait mijoter dans une casserole où se trouvent déjà divers condiments arrosés d'huile d'olive. Une demi-heure après, on ajoute un verre d'eau par personne, et on met la casserole sur un feu de bois très actif. Dès que cela *bout*, on enlève (ou *abaisse*, du provençal *abaïsso*, d'où le mot bouillabaisse) la casserole de dessus le feu et on verse le bouillon sur des tranches de pain que l'on mange avec le poisson.

Mais la meilleure bouillabaisse est celle qui se mange sur le bord de la mer. Nous ne pouvons résister au

(1) Maurice Bouquet.

plaisir de citer un passage charmant d'un fin écrivain marseillais :

« Pendant que les uns vont chercher de l'eau au vieux puits de pierres sèches, alimenté par les pluies, et mettent au frais le fiasque de vin, les autres se hâtent d'allumer, entre deux pierres, un feu de thym, de romarin et de branches de pin, sur lequel chantera bientôt la casserole, avec son poisson lavé dans l'eau de mer, ses oignons, son bouquet de fenouil et de persil, ses feuilles de laurier, ses gousses d'ail, ses tomates, sa pincée de safran, son nuage de poivre, etc..., le tout arrosé de fine huile d'olive. On s'installe ensuite sous l'ombre des pins dans lesquels résonnent les cigales et on se distribue les assiettes — souvent prêtées par le douanier — où baignent les tranches de pain exquisement safranées. Et pendant qu'on se régale de cette odorante et savoureuse bouillabaisse, que le petit fiasque circule de main en main et que d'aucuns boivent à la régalade, on se laisse pénétrer en quelque sorte par cette atmosphère parfumée de lavande, légère, harmonieuse, d'une adorable transparence, par le spectacle de cette calanque ensommeillée, dont l'eau revêt par moments des tons de pierres précieuses et que dominent des collines satinées de lumière, lesquelles prennent, à l'approche du soir, des teintes lilas ou rose thé et qui rappellent les montagnes de la Grèce. Qui pourrait comparer cette bouillabaisse mangée en pleine nature, sur des roches parsemées d'aiguilles de pin, en face la mer paresseuse, au bruit de la musique des cigales — qu'Anacréon trouvait mélodieuse — qui pourrait, disons-nous, la comparer même à une bouillabaisse servie dans la salle à moulures et relevée d'or d'un restaurant, par des garçons aux favoris bien peignés, ayant la serviette sur le bras ?

« Et l'*aïoli*, notre beurre de Provence ! Voilà encore un mets indigène qu'il ne faut savourer qu'au cabanon, dans un de ces modestes cabanons balayés par la brise de mer, calcinés de soleil et dont la treille est faite seulement de toile d'emballage. — C'est là que nos familles marseillaises viennent manger les *aïolis* les plus divins et se payer les plus salutaires ribotes de gaieté et de vitalité — car ce n'est pas dans les villas de marbre, aux élégantes vérandas et aux allées sablées, que l'on s'amuse le plus (1). »

LES DANSES

Avant de parler des danses, disons un mot des instruments qui, dans les villages, les jours de fêtes, servent à faire danser (2).

Les principaux sont : le tambour, le tambourin et le galoubet, les timbalons et les cymbalettes.

(1) H. Bertin (*Les Marseillais*).

(2) Il faut avouer que l'usage de ces danses et de ces instruments se perd de jour en jour. — La farandole reste populaire.

Le *tambourin* est un tambour long et sur lequel on ne tape qu'avec une seule baguette (1).

Le *galoubet* est un petit instrument à vent qui n'a que trois trous. Pendant que l'on en joue de la main gauche, on frappe de la droite avec la baguette sur le tambourin.

Le *tambourinaire* est le musicien qui joue du tambourin et du galoubet.

Les *timbalons* sont de petites timbales en cuivre et quelquefois en terre. Elles sont extrêmement petites par rapport aux timbales ordinaires. Le joueur les porte attachés sur le devant de la ceinture et se sert de deux petites baguettes. Cet instrument est ordinairement accompagné des *cymbalettes* qui sont de petites cymbales en acier.

Un grand nombre de danses étaient en usage en Pro-

---

(1) Nous donnons ci-après la charmante pièce de vers de M. Jean Aicard, intitulée « *le Tambourin* ».

Celui qui fit le tambourin
Avait écouté les abeilles,
Et les voix du vent dans un pin
Au bruit des flots pareilles.

Celui qui fit le galoubet
Avait écouté l'alouette,
Quand à l'aurore elle jetait
Sa voix perçante et nette.

De l'amandier creusé ; trois trous
Dans une branchette odorante ;
Deux doigts dessus, l'autre dessous
On souffle et le bois chante.

Le tambourin semble un tonneau
Très long et léger mais sans ventre ;

Les fonds sont en peau de chevreau ;
Il faut taper au centre.

La peau d'en haut porte en travers
Une cordelette qui vibre,
Et le tambourin suit les airs.....
Le galoubet est libre.

Le tambourin se pend au bras,
Au bras gauche qui tient la flûte.....
Bon toucheur, quand tu toucheras
Marque bien chaque chute.

Quand on est toucheur adroit
Et qu'on sait souffler en mesure,
Celui qui vous écoute croit
Entendre la nature.

vence, où la passion chorégraphique est extrême. Parmi elles nous citerons : les *cordelles*, les *pastourelles*, les *moresques*, la *jarretière*, les *bergères*, les *treilles*, les *bouffets*, les *fiéloués*, la *révergade* (la retroussée), la *rigaudon*, la *boulegueto* (la fatigante), la *fougnarello*, la *martégalo*, la *danse de Saint-Elme*, la *gavotte* (danse des gavots ou montagnards des Alpes), les *olivettes* et la *farandole*.

Un grand nombre de ces danses s'exécutent encore aujourd'hui ; mais nous ne décrirons que les deux dernières, qui sont les principales.

Mistral nous fournira la description de la danse des *olivettes*.

« Enfin, les olivettes. On cueille les olives.

« Pour s'échauffer, nos jeunes gens s'ébattent, font leurs rondes au pied des oliviers. — Débarquent tout à coup les Mores ; de la cueillette, un cri s'élève : les femmes, les filles, les gars, ainsi que tarins et linottes, quand s'abat l'épervier,

« Partent par bandes : la farandole s'élance, bondit et tournoie, et d'ici, et de là, vagabonde pour fuir ; et tantôt en spirale, se noue, rempart de chair enveloppant les vierges ; tantôt la troupe entière, sous les bras relevés des meneurs, immobiles.

« Comme un portail de citadelle, entre bouillante d'allégresse... La famille est sauvée ; et les hommes du bourg contre le More fanfaron accourent ; on croise les épées, le fer frappe le fer, au son retentissant des fifres et du tambour. .

« Les hommes d'épée se séparent ; alors s'appellent en combat singulier le consul provençal et le roi sarrasin ; le sarrasin mord la poussière et hurle, reniant l'âme de Mahom ; tous les guerriers joignent leurs lames en toiture luisante et soulevant ainsi

« Le capitaine triomphant, de mille cris font bruire l'air... O gloire de ce monde ! un méchant arlequin vous l'accompagne de ses arlequinades, se carre à califourchon sur la rapière, ou fait le moulinet en se gaussant et du consul et de ses drilles (1). »

La *farandole* est le divertissement obligé de toutes les fêtes et de toutes les réjouissances publiques.

La bruyante farandole n'est autre chose qu'une longue chaîne formée spontanément de personnes de tout âge et des deux sexes. Le conducteur, placé en tête de la chaîne, la conduit en lui faisant faire beaucoup de détours. Souvent, il rejoint la queue de la chaîne, et, faisant relever les bras aux deux derniers, il passe dessous en entraînant toute la bande.

(1) Mistral (*Calendau*).

L'habileté du conducteur consiste à être toujours en mouvement, à faire des retours brusques et à passer dans des endroits difficiles, comme s'il cherchait à vouloir rompre la chaine, tandis que ceux qui la forment, liés entre eux par des mouchoirs qui enveloppent leurs mains, et forcés de suivre le conducteur, doivent faire tous leurs efforts pour ne point être séparés.

Cette danse tire son origine des Phocéens, qui l'importèrent à Marseille ; d'ailleurs, le mot est d'origine grecque : *Phalang*, phalange, et *doulos*, esclave ; ou autrement dit, doigts liés.

FÊTES ET JEUX

De tout temps les Provençaux, avec leur gaieté et leur entrain habituels, ont donné une physionomie tout à fait originale à leurs fêtes publiques ou privées et à leurs solennités religieuses.

Nous allons parler des grandes fêtes qui se célébraient ou qui se célèbrent encore en Provence. Nous les grouperons par saisons.

AU PRINTEMPS. — LES RAMEAUX

Le dimanche des Rameaux est, comme on le sait, celui qui précède le dimanche de Pâques.

Ce jour-là, toutes les églises se parent de verdure ; c'est tantôt du laurier, du buis, tantôt de l'olivier. Tandis que les églises s'ornent, chacun donne à ses enfants et à ceux à qui on veut faire une politesse, un rameau acheté chez le confiseur. « Ce rameau consiste en un joli petit bâton léger, enguirlandé de papier doré, simu-

LE TAMBOURINAIRE

lant une branche d'arbre avec des feuilles artificielles. Il porte régulièrement à son extrémité supérieure une grosse orange confite, et présente çà et là, attachées à ses branchettes, maintes friandises qui pendent comme des fruits sur un arbre naturel. »

Ce rameau ne se trouve que dans les grandes villes, Marseille, Aix, Toulon, Arles. etc. On le voit entre les mains des pauvres aussi bien que des riches, tandis qu'on ne le rencontre que très rarement dans les villages éloignés de l'intérieur.

Dans les villages, à part quelques enfants des riches qui ont un rameau comme ceux des villes, les petits villageois n'ont qu'une simple branche de laurier ou d'olivier que leurs mères ornent quelquefois de petites sucreries représentant des animaux, différents objets, etc.

Le rameau est un symbole de piété, un préservateur de la foudre. Béni le jour des *Rameaux*, on le suspend au chevet du lit. On le place sur le cercueil du mort, le jour des funérailles.

LES MAYES (*li maïo*)

Voici une coutume qui remonte à la plus haute antiquité (1).

« La coustume est très ancienne de choisir des plus belles et jeunes filles des quartiers, que l'on attife gorgiesement avec couronnes de fleurs, guirlandes. joyaux et accoutrements de soie sur des thrones et siéges eslevés en guise de jeunes déesses posées dans des niches, communément appelées *Mayes*, auxquelles tous les passants, au moins de condition honnête, sont invités et obligés de contribuer par quelque pièce d'argent, moyen-

---

(1) Elle est en train de se perdre aujourd'hui.

nant un baiser. »(César Nostradamus.) — Sauf le baiser, ce gracieux usage existe encore. A Marseille, on nomme les *jeunes déesses* Belles-de-Mai, mot qui, comme celui de *Maïo*, indique le mois où a lieu la cérémonie.

EN ÉTÉ. — LES PROCESSIONS

Les processions en Provence différaient essentiellement de celles des autres parties de la France. Certaines coutumes locales leur donnaient un cachet particulier ; elles empruntaient surtout au paganisme leur physionomie générale.

Toutes les processions dans tous les pays de Provence ne se ressemblaient pas exactement : selon le pays, selon la fête, la procession se faisait de telle ou telle manière.

Nous allons donner très succinctement des détails sur les processions en général dans les villes, Marseille, Aix, Toulon, etc.

Dès le matin, les rues étaient balayées avec soin, arrosées de manière à répandre une agréable fraicheur. On suspendait entre deux maisons se faisant face, et à presque tous les étages, des pavillons de couleur, tantôt de différentes nations, tantôt représentant un saint, une sainte, une scène de l'histoire sainte, etc.....

Aux fenêtres de chaque maison, s'étalaient des couvertures très belles en piqué blanc, en coton, laine ou soie.

L'itinéraire était fixé d'avance, comme on le pense, et

de temps en temps, surtout contre les maisons, s'élevaient des reposoirs, autels artificiels. — Ordinairement tout un quartier concourait à la confection du reposoir et l'on rivalisait de zèle pour montrer aux spectateurs quelque chose de mieux que le reposoir du quartier voisin.

Toute la semaine de la Fête-Dieu était réservée, à Marseille surtout, aux processions de chaque paroisse de la ville.

Une seule procession était vraiment supérieure aux autres : à Marseille, c'était celle du vendredi du Sacré-Cœur ; à Aix, c'était celle du lundi de la Pentecôte et terminée le jour de la Fête-Dieu (1).

La procession du roi René, à Aix, était une parade dérisoire de la fable, de l'histoire et de la Bible. On y voit le duc Urbain (le malheureux général du roi René) et la duchesse Urbain, montés sur des ânes ; une âme que se disputaient deux diables ; les *chivaux-frux* (2) ; le roi Hérode ; la reine de Saba ; le temple de Salomon, et l'étoile des Mages, au bout d'un bâton ; ainsi que la Mort, l'*Abbé de la Jeunesse*, le *prince d'Amour*, le *roi de la Basoche*, etc.

---

(1) Les époques où l'on faisait les processions étaient : la Fête-Dieu, la Pentecôte, le 15 août, la Passion, Pâques et le jour de la fête patronale du pays. — A Barjols, le jour de la fête de saint Marcel, un bœuf faisait partie de la procession ; — à Tarascon, à la Pentecôte, on y voyait un âne ; — à Marseille, à celle de la Fête-Dieu, un bœuf gras ; — on représentait de petits saints Jean-Baptiste, etc.....

(2) Chevaux en carton. Le mot *frux* veut dire *fringant*.

LA TARASQUE

La Tarasque est un animal fantastique, sorte de dragon, de crocodile ou de bœuf, à proportions plus ou moins étranges et qui a vécu dans l'antiquité. « Aujourd'hui, elle est formée par un châssis de bois, recouvert d'une toile coloriée. Dans l'intérieur de l'animal, sous la toile par conséquent, se tiennent quelques forts gaillards qui font mouvoir la bête gigantesque. Un système de ficelles très habilement disposé permet de lui faire ouvrir la gueule d'une manière fort curieuse, tandis que, d'autre part, la queue, formée d'une poutre qu'on rentre ou pousse au dehors à volonté, permet aux hommes qui sont sous la toile de faire tomber, de temps en temps, les imprudents qui sont venus maladroitement regarder de trop près. »

La fête de la Tarasque, instituée par le bon roi René, avait deux actes. Le premier se jouait le jour de la Pentecôte, le second le 29 juillet, jour de la fête de sainte Marthe, patronne de Tarascon.

La première partie ou le premier acte représente la Tarasque, avec sa puissance destructive, jetant le trouble et l'effroi dans la Provence. La Tarasque vaincue par sainte Marthe, enchaînée par elle et allant témoigner de son respect de la sainte par les trois sauts devant l'église.

La seconde partie représente la Tarasque vaincue par la sainte.

LA BRAVADE

Ce jeu se faisait dans un assez grand nombre de villages de la Provence. Les jeunes gens se constituaient en société hiérarchisée sur le modèle des compagnies d'hommes de guerre : un capitaine, des lieutenants, un porte-enseigne, etc...

Au jour convenu, un jour de fête principalement, les *bravadaires* se réunissent sous la présidence de leur capitaine, qu'ils sont allés chercher en grande pompe. Ils se rendent ensuite à la maison commune où la municipalité les reçoit avec tous les égards qui leur sont dus.

Ensuite les *bravadaires* escortent les autorités qui se rendent solennellement à l'église entendre la messe pendant laquelle ils ont plus d'une occasion d'attirer le public par des mouvements d'armes, des sonneries de clairon ou des airs de musique, quand ils en ont une. — Voilà pour le matin. — L'après-midi, les bravadaires protègent la procession, où s'exhibent les images des saints. Il faudrait les voir alors, comme ils ont l'air d'être *braves*, armés de fusils, de tromblons, de pistolets. Ils tiraillent des coups de feu çà et là, à chaque coin de rue, dans chaque carrefour, à chaque reposoir. C'est une véritable petite guerre qui se fait sur les flancs de la procession ; et les coups de feu se mêlent capricieusement aux cantiques des dévotes, tantôt espacés çà et là comme si le danger sommeillait, tantôt avec un bruit infernal, comme s'il fallait repousser un ennemi dangereux.

Chaque pays a sa variante de bravade; car il ne faut pas omettre de dire que, dans nombre de localités, les seigneurs, sachant combien les Provençaux aiment tout ce qui est fête et représentations, avaient eu jadis l'idée de retirer un profit pécuniaire de cette bravade; et alors les communes qui étaient assez riches pour avoir une compagnie bien organisée payaient de manière à faire la cérémonie avec tous ses détails, tandis que d'autres moins fortunées se contentaient de dépenser tout juste ce qu'il fallait pour avoir la permission de faire une ou deux décharges de mousqueterie ou de boites sur le passage de la procession. (Bérenger-Féraud, *Réminiscences populaires de la Provence.*)

LE BŒUF GRAS

On voit dans les derniers jours du carnaval, se promener un ou plusieurs bœufs plus ou moins gras. Ce qui est à remarquer surtout dans cette espèce de procession, c'est l'appareil carnavalesque. Les hommes qui conduisent les bœufs sont revêtus de costumes excentriques.

A Tarascon, à Arles et dans d'autres pays de Provence, c'était un âne, chargé de fleur et de rubans, que l'on promenait à la procession de la Pentecôte, de la Fête-Dieu ou de la fête patronale.

Pendant longtemps, on promena un bœuf enguirlandé de fleurs, le jour de la Fête-Dieu, à la procession. Cette exhibition donna lieu au proverbe suivant ; quand on voyait une fille ou une femme avoir beaucoup de fleurs dans la coiffure, on disait : *semblo lou couronnament dau buou de la feste de Diou* (ça semble le *couronnement* (la couronne) du bœuf de la Fête-Dieu).

LES FEUX DE JOIE

Les feux de joie sont de toute saison. « Aucune fête, aucun bonheur pour les Provençaux si expansifs ne seraient complets si on n'allumait pas au milieu de la rue, dans une grande cour, un feu de joie. Mais presque partout, c'est le jour de la Saint-Jean (24 juin) qu'on en fait flamber un superbe. »

Pendant les années 1884 et 1885, deux années de choléra, tous les soirs, dans presque toutes les rues des villes contaminées, des feux de joie s'allumaient. C'était pour désinfecter l'air, pour chasser les miasmes, disait-on.

TRAINS OU ROUMEVAGES

Avant la Révolution, le *roumevage*, dans chaque village, durait au moins trois jours et faisait le sujet de la préoccupation primordiale du conseil municipal.

Aujourd'hui, c'est le conseil municipal qui s'occupe des dispositions générales des fêtes patronales, ou bien ce sont les jeunes gens réunis de la petite ville ou du village.

La veille du train, on promène les joies.

Les joies. — On donne ce nom à une perche portant un cercle de bois, autour duquel sont suspendus les prix destinés aux vainqueurs. Les prix consistent en plats d'étain, écharpes, rubans, dentelles, etc. On promène les joies au son des tambourins dans les rues et les campagnes. Certaines personnes qui les accompagnent ont des bassins pour recevoir les offrandes ; d'autres distribuent des gâteaux ronds, appelés *torques*, à certaines personnes.

Outre les danses qui s'exécutent pendant toute la durée de la fête, soit au son des tambourins et galoubets, soit à celui d'un orchestre cuivré et discordant, un grand nombre de jeux ou de divertissements s'exécutent simultanément.

Ce sont les différentes courses (hommes, enfants, jeunes gens, de bateaux, etc.) ; la bigue, la lutte, les sauts, les boules, le ballon, la paume, la cible, le mât de cocagne, les jeux de cartes, les palets, les grimaces, etc.

Mais ce qui attire le plus l'attention, c'est la *targo* et la course de *taureaux*.

LA TARGO (1)

Des embarcations peintes de diverses couleurs sont disposées de manière à porter sur leur arrière une sorte

(1) Tiré des *Réminiscences de la Provence*, de B. Féraud.

d'échelle disposée en plan incliné qui monte, et qui est terminée par une petite plate-forme de 50 à 80 centimètres carrés, qu'on appelle la tintaine.

Chaque embarcation choisit ses rameurs.

Un certain nombre de mariniers se font inscrire comme jouteurs.

Un endroit propice est choisi dans le port.

Au signal convenu, un jouteur monte sur la tintaine dans chaque canot, c'est-à-dire va se camper fièrement sur la plate-forme qui termine l'échelle dont nous avons parlé tantôt. Ces jouteurs sont vêtus très légèrement, car ils sont très exposés à prendre un bain, le vaincu devant fatalement tomber dans l'eau ; ils ont un bouclier en bois de la main gauche et une longue lance à la main droite.

Au commandement donné, deux canots s'avancent l'un contre l'autre à force de rames. Les deux jouteurs se sont mis en garde en partant ; ils se sont bien assurés sur la tintaine, ont croisé leur lance et mesurent l'adversaire de l'œil. Il s'agit de parer avec le bouclier le coup de lance de l'ennemi et, au contraire, de lui porter le sien en pleine poitrine. On comprend que celui qui parvient à culbuter l'autre sans tomber lui-même est le vainqueur ; si tous deux tombent ou restent en place, le coup est nul.

COURSES DE TAUREAUX (1)

Courses à Arles et dans les villes. — Ces courses, si fort en honneur en Espagne, existent aussi dans quelques contrées de la Provence, où elles ont été introduites par les comtes de Barcelone.

Les arènes d'Arles sont pleines de monde ; les toréadors attendent dans le circuit le taureau furieux qui va être lancé.

Au signal donné, le taureau bondit sur les toréadors munis de manteaux, de cocardes et de *banderilles*. Par des écarts et des *razets* faits avec adresse et sang-froid, ils procèdent à la pose et à la levée des cocardes, plantent les banderilles sur le garot du taureau, ce qui excite davantage le pauvre animal, et, à l'aide de leurs manteaux, ils parviennent, non sans péril, à l'étourdir, à le paralyser presque. Après avoir repris haleine, ils le sautent dans tous les sens avec et sans perche. Le public alors applaudit avec frénésie, les toréadors remercient en s'inclinant respectueusement et le taureau est livré au public. Des hommes, des jeunes gens surtout l'irritent. Le taureau court sur celui qui le provoque : au moment

---

(1) La *ferrade* est l'opération qui consiste à marquer les jeunes taureaux avec un fer rouge au nom du propriétaire. Cette opération, qui se fait en Camargue, offre un spectacle qui est très goûté.

Le *sevrage* consiste à adapter au museau du veau, dans le cartilage formant la cloison des narines, une planchette en forme d'un demi-cercle de 0^m 20 de diamètre.

où il baisse la tête pour donner des cornes, l'homme saute lestement par côté et lui assène quelquefois un coup de bâton sur le museau. L'animal s'irrite, entre en fureur; mais c'est en vain qu'il consume ses forces. D'autres le remplacent et ne sont pas plus heureux. Enfin, le plus sauvage et le plus fort est lancé dans l'enceinte après l'intermède. Il se présente avec une énorme cocarde attachée à ses cornes. Le prix est destiné à celui qui pourra l'enlever. Les jeunes amateurs, presque tous chaussés d'espadrilles de couleurs différentes, sont sur pied. Ils approchent le taureau, lui tournent autour, et, à un moment donné, un d'entre eux surprend le taureau pour lui enlever la cocarde. Trop précipité dans sa course, il envoie au hasard la main sur la tête du taureau, *manque la cocarde*, et le taureau poussé à bout, le poursuit avec opiniâtreté et lui porte quelquefois des coups plus ou moins dangereux. Les autres amateurs *coupent le taureau* dans sa course, se disputent la cocarde et définitivement le plus adroit d'entre eux court sur le taureau, lui tape des mains et enlève lestement la cocarde au moment où le taureau se tourne pour le saisir de ses cornes, ce qui désappointe tous les amateurs.

 Chaque taureau ne reste que vingt minutes dans l'arène. Sa course terminée, un vieux taureau, surnommé le *dompteur*, muni parfois d'une grosse sonnette suspendue au cou, est lancé dans l'arène pour le ramener dans l'écurie d'où il est sorti. Si le dompteur retourne seul, un gardien, muni de son trident, poursuit le taureau jusqu'à ce qu'il soit rentré. Le taureau, piqué si brutalement, bondit, saute les balustrades et renverse, dans sa course furieuse, tout ce qu'il trouve sur son passage, ce qui occasionne bien des fois des accidents assez regrettables. La rentrée de chaque taureau est suivie d'un repos d'un quart d'heure.

Courses dans les villages. — Dans les villages où il n'y a pas de lieu spécial pour les courses, les autorités locales autorisent les entrepreneurs de courses à construire le circuit de l'arène avec des charrettes.

La bourgine. — Dans certains villages, il arrive assez souvent que le lendemain de la fête patronale un taureau est mis à la *bourgine* (1). Ce jeu est très goûté des populations rurales. Deux longues et solides cordes sont attachées aux cornes du taureau. Chacune d'elles est tenue par des hommes. Le taureau, ainsi attaché, parcourt toutes les rues de la localité et s'élance sur les personnes qui l'irritent. Sitôt qu'il va atteindre la personne qu'il poursuit avec rage, une de ces cordes l'arrête et le rend incapable de se défendre. Le pauvre animal cherche en vain à dégager ses cornes; il bondit, il mugit de fureur et renifle sang et fumée. Vaines fureurs! Inutiles bonds! Il

(1) Ce jeu barbare a été supprimé.

est à la merci de ses bourreaux. Une heure après, il est abattu et sa chair est livrée à la consommation publique.

EN AUTOMNE. — LA TOUSSAINT

Ce jour-là, dans presque toutes les familles, on se réunit, on mange des châtaignes et on boit du vin blanc. C'est le moment où les *castagniarés* ou marchands de châtaignes ont fait déjà leur apparition, presque en même temps que les *hirondelles d'hiver* (les ramoneurs).

EN HIVER. — LA NOËL

Pour cette fête, la plus importante de toutes en Provence, deux extraits, l'un de M. Maurice Bouquet, l'autre de Mistral, donneront une juste idée de cette réunion de famille :

« Les cloches sonnaient à toute volée, et, malgré un froid très vif, que rendaient plus pénétrant encore les impétueuses rafales du mistral, les rues de Marseille étaient ce jour-là pleines de monde.

« La foule s'y pressait de toutes parts, endimanchée, joyeuse et bourdonnante. Dans le va-et-vient et dans la cohue, l'œil ne rencontrait que gens en quête et chargés de victuailles de toute espèce. Poissons, gibier, volailles, et, parmi ces dernières, les dindes surtout sortaient leurs têtes et leurs queues de toutes les corbeilles dont marmitons, valets ou servantes avaient chacun leur charge. Bourgeois et manants allaient tous, avec de gais fredons, portant en main, qui une bouteille de vin cuit ou de fin muscat, qui une grande pompe au sucre ou du nougat au miel, et la plupart ayant le tout ensemble.

« Dans les boutiques des rôtisseurs pleines de mouvement, les cheminées flambaient prêtes à s'incendier, tandis que devant elles on ne faisait qu'embrocher et débrocher.

« Les pâtissiers, les confiseurs, de leur côté, étaient assiégés de chalands, s'arrachant à l'envi jusqu'aux friandises de l'étalage : massepains, canelas, confitures et nougats, ainsi que ces superbes gâteaux de Savoie, aux étages superposés et enjolivés de sucreries, qui étaient la nouveauté d'alors et le régal du jour.

« Marseille prenait de faux airs de pays de Cocagne.

« Mais où la foule était particulièrement compacte, bruyante et présentant de bizarres aspects, c'était bien sur la promenade du Cours (1). Là, sous la voûte défeuillée des grands ormes, on eût dit une véritable fourmilière, tant elle s'agitait, se pressait, se confondait dans son incessant mouvement. Des deux côtés de la chaussée se dressaient les établis des marchands de *santons*, dont la foire, tenue longtemps à la vieille place de Lenche, avait été récemment transférée en ce lieu plus fréquenté et par cela plus propice à la vente.

(1) Le Cours Belsunce, à Marseille.

« Les *santons* constituent une industrie essentiellement provençale. Sortes de figurines de terre glaise, peintes et grossièrement façonnées, chacune d'elles est censée représenter un des acteurs que la légende chrétienne et la fantaisie populaire ont fait figurer dans le grand mystère de la Nativité. »

(Extraits de la *Fée de l'Huveaune*, de M. MAURICE BOUQUET.)

« Ah ! Noël, Noël, où est ta douce paix ? Où sont les visages riants des petits et des jeunes filles ? Où est la main calleuse et agitée du vieillard qui fait la croix sur le saint repas ?

« Alors le valet qui laboure quitte le sillon de bonne heure, et servantes et bergers décampent, diligents. Le corps échappé au dur travail, ils vont, à leur maisonnette de pisé, manger en chœur du céleri et poser gaiement la *bûche* (au feu) avec leurs parents.

« Du four, sur la table de peuplier, déjà le pain de Noël arrive, orné de petits houx, festonné d'enjolivures. Déjà s'allument trois chandelles, neuves, claires, sucrées, et dans trois blanches écuelles germe le blé nouveau, prémice des moissons.

« Un noir et grand poirier sauvage chancelait de vieillesse..... L'aîné de la maison vient, le coupe par le pied, à grands coups de cognée, l'ébranche et, le chargeant sur l'épaule, près de la table de Noël, il vient aux pieds de son aïeul, le déposer respectueusement.

« Le vénérable aïeul, d'aucune manière, ne veut renoncer à ses vieilles modes. Il a retroussé le devant de son ample chapeau, et va, en se hâtant, chercher la bouteille. Il a mis sa longue camisole de cadis blanc, et sa ceinture, et ses brayes nuptiales, et ses guêtres de peau.

« Cependant toute la famille autour de lui joyeusement s'agite..... « Eh bien! posons-nous la bûche, enfants?
— « Oui! » promptement tous lui répondent : « Allégresse ! — Le vieillard s'écrie, allégresse, allégresse! que Notre-Seigneur nous emplisse d'allégresse! et si, une autre année, nous ne sommes pas plus, mon Dieu, ne soyons pas moins!

« Et, remplissant le verre de clairette, devant la troupe souriante il en verse trois fois sur l'arbre fruitier ; le plus jeune prend (l'arbre) d'un côté, le vieillard de l'autre, et sœurs et frères entre les deux, ils lui font faire ensuite trois fois le tour des lumières et le tour de la maison.

« Et dans sa joie, le bon aïeul élève en l'air le gobelet de verre : « O feu, dit-il, fais que nous ayons du beau temps! . . . . Bûche bénie, allume le feu, allume le feu! » Aussitôt, prenant le tronc dans leurs mains brunes, ils le jettent entier dans l'âtre vaste. Vous verriez alors gâteaux à l'huile et escargots dans l'aïoli heurter, dans ce beau festin, vin cuit, nougat d'amandes et fruits de la vigne.

« D'une vertu fatidique vous verriez luire les trois chandelles ; vous verriez des esprits jaillir du feu touffu ; du lumignon vous verriez pencher la branche vers celui qui manquera (au banquet) ; vous verriez la nappe rester blanche sous un charbon ardent, et les chats rester muets ! »

(Extrait de MISTRAL.)
(Calendal.)

CARNAVAL ET CARAMANTRAN

(carême-entrant)

Le carnaval provençal ressemble, sous bien des rapports, au carnaval italien. Comme chez lui, la gaieté y est poussée jusqu'à l'extrême, et le burlesque est sa note dominante.

La plus fameuse, la plus baroque des créations carnavalesques est, sans contredit, celle de *Caramantran*, sorte de mannequin affublé d'oripeaux et figurant un malade pâle et défait ; il est parfois traîné dans un chariot et d'autres fois porté sur un brancard ; une foule de masques le suivent, en feignant l'ivresse et la folie. En tête de son escorte, marchent des hommes habillés, les uns en avocats, les autres en juges, et, parmi eux, un personnage, long et maigre, représentant, sous un costume quelconque, le Carême. Viennent ensuite, montés sur des rosses étiques, des jeunes gens en troupe, qui, vêtus de deuil et les cheveux épars, semblent tous déplorer d'avance le triste sort de *Caramantran*.

Le cortège, après avoir parcouru de la sorte divers quartiers de la ville, au milieu des huées et des quolibets du populaire, finit par s'arrêter et se masser sur une place publique (au Prado et à la Tourette) (1). Là s'établit le tribunal devant lequel Caramantran, placé sur la sellette, se trouve bientôt accusé de toutes sortes de méfaits. Son avocat l'en défend chaleureusement, mais en vain ; car, le ministère public l'ayant longuement foudroyé de son éloquence, le tribunal prononce contre lui la peine de mort.

Caramantran est ensuite traîné, lapidé et finalement jeté à la mer (2).

(1) A Marseille.
(2) Voir M. Maurice Bouquet.

SITUATION ÉCONOMIQUE

En général, la culture des céréales, quoique donnant d'excellentes qualités de grains, ne produit pas assez pour la consommation de tous les habitants de la Provence.

Les forêts, qui tiennent une très grande place dans le département du Var et très peu dans ceux de Vaucluse et des Bouches-du-Rhône, sont presque nulles dans le département des Basses-Alpes, par suite du déboisement qui a fait de ce département l'un des plus pauvres de France. Aussi les habitants des montagnes, de l'arrondissement de Barcelonnette surtout, vont-ils chercher fortune dans l'Amérique du Nord.

Une grande partie du département des Bouches-du-Rhône occupée par la Crau et la Camargue n'est pas cultivée. Il en est de même d'une grande partie des Basses-Alpes, occupée par des montagnes, et d'une petite partie du département de Vaucluse.

Mais, grâce, d'une part, aux inondations périodiques de la Durance et, d'autre part, au climat du littoral du « Var », la Provence fait un grand commerce de primeurs de toutes sortes, de fleurs et de fruits.

Ce sont d'abord les pois, les asperges, les tomates, les haricots verts, les melons, les fraises de la vallée de la Durance et du « Var ».

Ensuite les fruits de toutes sortes, poires, pêches, prunes, figues, amandes et oranges, citrons, grenades, nèfles de la plaine d'Hyères.

Les fleurs d'Hyères et des environs de Toulon.

Les principaux arbres des forêts de Provence sont : le pin, le chêne-liège, le chêne blanc, le chêne vert, etc.

Les montagnes de Provence nues, lorsqu'elles ne sont ni forêts, ni bois, produisent des arbustes et des plantes odoriférantes : les genêts, le thym, le romarin, la lavande, etc.

Avant l'invasion du phylloxéra, la Provence était un pays vignoble; quelques crus étaient renommés. Aujourd'hui, malgré les plants américains, les vignes n'occupent plus qu'une centaine de mille hectares, dont 75,000 pour le département du Var.

On cultive assez de *farineux*, les pommes de terre surtout ; celles de Pertuis sont renommées.

La *garance* disparaît complètement, l'*alizarine* tendant à la remplacer dans l'industrie.

Les *pâturages* ne sont pas très nombreux en Provence, sauf cependant dans le « Vaucluse », sur le Luberon et les côtes du Ventoux.

La culture du tabac n'est autorisée que dans les « Bouches-du-Rhône » et le « Var ».

Deux cultures, celles du *câprier* et de l'*olivier*, méritent quelques explications.

Câprier. — Il est démontré que les sols qui conviennent le mieux au câprier sont les sols secs et cailloute ux exposés au midi.

Le câprier est un arbrisseau à tiges épineuses, de 0^m,80 à 1 mètre de long, à feuilles caduques, à fleurs blanches, violacées, ayant de nombreuses étamines.

Ce sont les boutons à fleurs et non les fruits, comme on le croit généralement, qu'on appelle câpres et qu'on laisse confire dans le vinaigre pour servir d'assaisonnement.

Ce n'est qu'en juin que les boutons à fleurs commencent à poindre. C'est le moment de la cueillette. Ce travail, fait à la tâche, est confié à des femmes, qui reçoivent, pour prix de la main-d'œuvre, 0 fr. 20 par kilogramme.

La visite des câpriers a lieu tous les huit jours et la cueillette dure jusqu'en septembre.

Le bouton oublié donne naissance à une gracieuse fleur qui, arrivant à fructification, engendre encore un fruit d'assaisonnement dont la valeur commerciale est presque nulle.

Les câpres sont ensuite exposées sur des claies par le

cultivateur et, vingt-quatre heures après, passées au crible en fer-blanc. De cette opération, il résulte deux qualités : les *grosses*, qui ont peu de valeur, et les *moyennes*, qui constituent la véritable récolte. On les met alors dans les barils contenant un vinaigre spécial, vinaigre de bois, dont le prix de revient est de 0 fr. 12 le litre.

Dans le dernier trimestre de l'année ou au commencement de l'année nouvelle, la récolte est vendue au négociant qui, par de nouvelles manipulations, obtient six qualités. Ce sont, dans une gradation ascendante au point de vue de la valeur, les *mi-fines* (1 fr.), les *fines* (1 fr. 15), les *capotes* (1 fr. 25), les *capucines* (1 fr. 65), les *surfines* (2 fr. 10), les *non pareilles* (2 fr. 75).

La valeur de la câpre est en raison inverse de sa grosseur.

Le prix moyen de vente est de 1 fr. 50 le kilogramme. Il s'est élevé cette année (1888) à 2 francs, ce qui porterait le rendement brut par hectare à environ 6,000 francs. Les frais généraux, jusqu'au moment de la vente au négociant, sont évalués à 0 fr. 50 par kilogramme.

On estime à 130,000 kilogrammes la production moyenne de la commune de Roquevaire (1).

La câpre est expédiée dans toutes les contrées de l'Europe ; mais c'est surtout en Allemagne, en Angleterre, en Russie et en Amérique que les négociants expédient la majeure partie de ce produit.

(1) Bouches-du-Rhône.

Olivier. — La culture de l'olivier est très répandue en Provence, dans les Bouches-du-Rhône surtout. C'est dans ce département que se récoltent les olives qui font la meilleure huile. Dans le département du Var les oliviers sont plus grands, mais les olives donnent une huile de qualité inférieure à celle des Bouches-du-Rhône.

Cueillette. — La cueillette des olives commence en novembre et dure à peu près deux mois. Les olives noires n'entrent que pour une faible part dans la récolte. Celles qui dominent sont produites par l'olivier appelé « le rouget », très estimé à cause de la finesse de son huile. La récolte annuelle, pour la commune de Salon (Bouches-du-Rhône) est de 200,000 doubles décalitres, dont le prix varie de 2 francs à 2 fr. 50. Le rendement moyen en huile est de 2 kilogrammes par double décalitre.

La hauteur moyenne des arbres étant de 3 mètres, la cueillette se fait exclusivement à la main et par des femmes, qui, à l'aide de chevalets, en cueillent de 7 à 8 doubles décalitres par jour. Le prix de la journée est de 1 fr. 50 à Salon et de 1 franc avec la nourriture dans les villages voisins, où l'importance de la récolte oblige les propriétaires à louer des femmes au dehors. Le propriétaire dirige la cueillette et vide les paniers pour éviter les pertes de temps. La cueillette à la main augmente les frais de main-d'œuvre, mais ils sont largement compensés par la qualité supérieure de l'huile. La cueillette à coups de gaule meurtrit l'arbre en écorchant les branches, en détruisant les boutons à bois et surtout en faisant tomber les feuilles persistantes qui protègent l'arbre et du froid de l'hiver et du soleil ardent de l'été. Pour arriver à un degré de maturité uniforme au moment de la cueillette, les arbres d'un même verger sont généralement de même qualité. La cueillette doit se faire par un temps sec. Les fruits sont cueillis en totalité et sans choix. Ceux qui n'ont pas atteint leur complète maturité mûrissent au contact des autres. Avant de procéder à la cueillette indiquée ci-dessus, on a soin de faire ramasser les fruits avariés qui jonchent le sol. L'huile qui en provient est employée comme huile à brûler.

Fermentation des olives. — Les olives, mises en sacs, sont alors portées au moulin, où elles restent entassées pendant huit jours pour subir une légère fermentation qu'on arrête avec soin, dès le début, si on veut avoir une huile bien fruitée et de bonne conservation. Si on vise, au contraire, à la quantité de préférence à la qualité, on les laisse *faire* davantage, selon l'expression usitée. L'huile a une saveur plus forte, désagréable au goût et rancit plus vite.

Olives réduites en pâte. — Les olives, ainsi préparées, sont écrasées sous la meule et réduites en pâte que l'on introduit dans des cabas en sparterie ayant la forme d'un disque d'un diamètre de $0^m,65$. Le béret en reproduit exactement la disposition. On place ces cabas en deux piles sur le socle de la presse.

Pâte pressée. — Chaque pile en comprend quinze. On les presse fortement, soit à l'aide d'un levier, soit à l'aide d'une presse hydraulique en arrosant d'eau bouillante le contour des piles pour faciliter l'écoulement de l'huile, qui se rend dans une double fosse correspondant à la double pile.

Production de l'huile. — Cette disposition permet de préparer l'huile pour deux propriétaires différents et en même temps. Cette première pression donne l'huile vierge. Les piles sont ensuite démontées, les cabas tordus et roulés de façon à remettre la pâte dans son état primitif. Chaque cabas est alors remis en place et humecté à l'intérieur avec deux litres d'eau bouillante. Cette opération se nomme échaudage. On presse une seconde fois pour obtenir l'huile ordinaire. L'échaudage fait gonfler la pâte, les matières albuminoïdes se coagulent et l'huile, rendue plus fluide, s'écoule plus facilement. Cette huile échaudée, fine et comestible, est inférieure à l'huile vierge. Le plus souvent, on les mélange. Trois heures après, elle surnage au-dessus de l'eau et on la cueille avec une feuille métallique mince, légèrement concave et d'un diamètre de 30 centimètres.

Les dépôts qui se forment dans les fosses sont déversés dans un premier bassin où les matières grasses viennent surnager. L'eau de ce bassin passe successivement dans trois autres bassins qui retiennent les parties huileuses. L'eau du quatrième bassin est expulsée au dehors. On cueille l'huile de ces bassins, et il reste alors des matières mucilagineuses au fond et une matière grasse qui surnage. Cette dernière est mise avec de l'eau des bassins dans un chaudron où, après deux heures d'ébullition, elle donne une huile verte, appelée huile d'enfer, employée pour la fabrication du savon, des draps ou pour l'éclairage.

Résidu. — Le résidu ou marc des olives est porté à la recense. On le fait passer sous la meule et de là dans un réservoir au milieu duquel est un arbre tournant muni de deux râteaux qui divisent la pulpe et la font monter à la surface. Elle s'écoule dans d'autres réservoirs où elle est ramassée et de là introduite dans une caisse avec fond en toile métallique pour faciliter l'écoulement de l'eau. La pulpe est placée dans un chaudron en cuivre pour l'huile de recense verte et dans un chaudron en fonte pour l'huile de recense blanche. La dernière pression donne alors 20 p. 100 d'huile employée pour la fabrication du savon.

Le dernier marc ou résidu est moulé et transformé en mottes destinées au chauffage.

Marais salants. — Les marais salants, situés naturellement au bord de la mer, produisent, dans les Bouches-du-Rhône et dans le Var, jusqu'à 750.000 quintaux de sel par an.

Dans les Bouches-du-Rhône, c'est sur les bords des étangs de Lavalduc et de Berre, dont les eaux sont beaucoup plus salées que celles de la pleine mer, que se trouvent les meilleurs marais salants (Berre, Fos, Istres, Saintes-Maries, Martigues, Vitrolles, Port-de-Bouc, etc...).

Dans le Var, près d'Hyères, une compagnie parisienne des salins du Midi exploite les marais salants des Vieux-Salins.

Carrières de pierre. — Les carrières de *pierre* se trouvent : dans Vaucluse, à Bonnieux, Cadenet, Gordes, etc...; dans les Bouches-du-Rhône, à Aix, à la Couronne, près des Martigues, à Cassis (pierres froides) et surtout à Fontvieille, près d'Arles; dans les Basses-Alpes, à Mane et à Céreste.

On rencontre du *marbre* à Lorgues, à Saint-Zacharie (Var), à Saint-Pôl (marbre vert), à Mélan (Basses-Alpes) (marbre noir).

Le *plâtre* ou *gypse* se voit au Barroux, à Gignac, à Malaucène, à Viens, à Velleron (Vaucluse), à Castellet, à Manosque, à Saint-Geniez-de-Dromon (Basses-Alpes), à Allanch.

On remarque de l'*argile réfractaire* à Apt, Bollène Orange (Vaucluse).

Dans Vaucluse, à Roussillon, Gordes, Goult et Gargas, il y a des carrières d'*ocre*.

Le *soufre* est exploité près d'Apt.

Mines de houille, de lignite et de fer. — La *houille* se montre au nord de l'arrondissement de Marseille et au sud de celui d'Aix (Bouches-du-Rhône), à Fuveau, à

Gardanne, Gémenos, etc...; — à la Bréole, à Peypin, à Manosque, dans les Basses-Alpes.

Le *lignite* s'exploite très bien dans les Bouches-du-Rhône au centre; dans les Basses-Alpes, dans l'arrondissement de Forcalquier.

Quelques mines de *fer* existent dans Vaucluse, surtout à Lagnes et à Rustrel.

Sources minérales. — Il y a en Provence très peu de sources minérales et, en outre, elles sont très peu exploitées. Ce sont celles d'Aix (source thermale dont la température est de 35°), des Camoins (eaux sulfureuses) (Bouches-du-Rhône); — de Digne et de Gréoux qui sont chlorurées sodiques, sulfurées sodiques (Basses-Alpes); — de Baumes-de-Venise (salées); de Montmirail (sulfureuses, ferrugineuses et purgatives) (Vaucluse).

Établissements métallurgiques, construction de navires, etc. — Les établissements métallurgiques existent en grande quantité à Arles, à Marseille, à la Ciotat, à Toulon, à la Seyne. Arles possède des ateliers de la Compagnie des chemins de fer de P.-L.-M.; Marseille, les hauts fourneaux et fonderies de Saint-Louis.

La Ciotat construit des navires pour le compte des Messageries maritimes. La Seyne et Marseille dotent les compagnies maritimes de France et de l'étranger d'excellents vaisseaux. Toulon a son arsenal maritime.

Poudre. — La plus considérable des poudreries de France a son siège à Saint-Chamas (Bouches-du-Rhône).

Industrie de la soie. — Les filatures se trouvent en très grand nombre dans les Bouches-du-Rhône, dans l'arrondissement d'Arles; dans le Var, dans les environs de Draguignan; dans Vaucluse, dans presque tout le département.

Minoteries. — Ces sortes d'établissements se trouvent disséminés dans toute la Provence; mais c'est surtout dans le département de Vaucluse qu'ils sont le plus développés par la puissance des cours d'eaux.

Fabrication des huiles d'olives et de graines exotiques. — Nous avons parlé assez longuement, dans le chapitre de l'agriculture, sur cette question pour que nous n'ayons pas à y revenir.

Fabrication des draps. — Cette fabrication se fait en grand dans les Basses-Alpes et le Vaucluse. Diverses industries similaires comme filatures, toiles, etc., occupent un grand nombre d'ouvriers dans toute la Provence.

Fabrication des bouchons. — Cette importante fabrication a pour centre les villages situés auprès des forêts de l'Esterel dans le département du Var : Collobrières et la Garde-Frainet sont les centres de cette industrie.

Fabrication du papier. — Les papeteries sont en très grand nombre dans toute la Provence, excepté dans les Basses-Alpes.

Briquetteries, faïences, etc... — Cette industrie se

fait partout, mais elle a pour centre Marseille, d'une part, Apt (Vaucluse), de l'autre.

Pâtes alimentaires. — Cette industrie se pratique surtout à Marseille et à Avignon.

Brasseries, distilleries, etc... — Ces sortes d'établissements se trouvent disséminés ; mais c'est surtout dans les Bouches-du-Rhône que cette industrie est le plus prospère.

Fabriques de chapeaux. — Aix, Arles, Marseille et plusieurs autres villes de la Provence sont les centres de cette fabrication.

Confiseries. — Cette industrie est très prospère dans le département de Vaucluse, surtout à Apt.

Savonneries. — Cette industrie est la richesse de Marseille et d'un grand nombre de villes du département des Bouches-du-Rhône. La production annuelle est de 50 millions de kilogrammes.

Bougies. — Cette industrie se fait surtout à Marseille, qui fabrique 50,000 quintaux métriques par an.

Produits chimiques. — Quelques fabriques existent dans le Vaucluse, mais surtout dans les Bouches-du-Rhône. Marseille, Septèmes et Berre en ont d'importantes.

Pêcheries. — L'importante pêcherie du thon, de la sardine, de l'anchois, des muges, a pour centre Marseille, Martigues, la Ciotat, Cassis, dans les Bouches-du-Rhône ; Saint-Nazaire, Hyères et Saint-Tropez, dans le Var.

Nous avons parlé longuement, dans le chapitre des *départements et des villes,* du commerce de Marseille et des principales villes de la Provence.

EXPORTATION

Les principales exportations sont : 1° pour les Bouches-du-Rhône, les sucres raffinés, le café, les céréales, les peaux, les pierres à bâtir (Arles, Cassis), les huiles (Aix, Salon), les câpres (Roquevaire), les fruits confits, les amandes, les olives, les bestiaux ; — 2° pour le Var, les vins, les eaux-de-vie, les bois à brûler, l'écorce de chêne-liège, les huiles, les olives, les fruits secs, les câpres, les amandes, figues, oranges, primeurs, fleurs, du plâtre, des tuiles, du sel, des bouchons, etc. ; — 3° pour le Vaucluse, du plâtre, du soufre, de l'ocre (Gargas, Apt, etc.), des produits céramiques, des terres réfractaires, des truffes, des fruits confits, des primeurs, des conserves alimentaires, des bestiaux, etc. ; — 4° pour les Basses-Alpes, fruits secs et confits, prunes, pruneaux, l'huile, beaucoup de bestiaux, etc.

IMPORTATION

1° Bouches-du-Rhône : céréales, soies, peaux, cafés, graines oléagineuses, sucres bruts, thés, bestiaux ; — 2° Var : blé, fourrages, sucres, cafés, denrées coloniales, fer, houille, goudron, soufre, etc. ; — 3° Vaucluse : bœufs, mulets et chevaux, denrées coloniales, céréales, sucres, charbon, etc.; — 4° Basses-Alpes : **vins, eaux-de-vie, liqueurs, denrées coloniales, houille,** etc.

Indépendamment des routes de terre, des voies de communication par eau sont formées, dans les Bouches-du-Rhône, par trois canaux de navigation (canaux d'Arles à Bouc, de Bouc à Martigues (1), de la Tour-Saint-Louis à la mer).

Tous les chemins sont compris dans le réseau de la Cie de Paris-Lyon et à la Méditerranée, sauf pour quelques embranchements qui appartiennent à une compagnie régionale. La ligne principale de Marseille à Paris se montre, en Provence, au-dessus de Bollène (Vaucluse), passe à Avignon, à Arles et se continue à Marseille par la ligne d'Italie jusque dans les Alpes-Maritimes.

A Marseille, commence le chemin de fer des Alpes, en passant par Aix, Pertuis, Sisteron, et rentre dans les Hautes-Alpes. A ces lignes principales, il faut ajouter la ligne de Miramas à Cavaillon, qui va, d'un côté, rejoindre la grande ligne à Avignon, de l'autre, celle des Alpes à Pertuis; en outre, Cavaillon est relié à Apt par un chemin de fer. Dans les Bouches-du-Rhône se trouvent plusieurs lignes secondaires : 1° de Barbentane et de Tarascon à Orgon (ces deux lignes se réunissent au plan d'Orgon), 2° d'Arles à Salon, par Fontvieille et Eyguières; 3° d'Arles à la Tour-Saint-Louis; 4° de Miramas à Port-de-Bouc; 5° de Pas-des-Lanciers à Martigues; 6° d'Au-

(1) Chenal de Caronte, entre la mer et l'étang de Berre.

bagne à Valdonne, par Roquevaire ; 7° de Gardanne, sur la ligne des Alpes à Carnoule, sur la ligne d'Italie ; 8° de Meyrargues (ligne des Alpes à Draguignan), laquelle ville est rattachée à la ligne d'Italie par l'embranchement de Draguignan aux Arcs ; 9° pour Marseille spécialement, trois lignes : de Marseille-Saint-Charles à la gare maritime ou la Joliette ; de Marseille-Saint-Charles au Prado (en empruntant la ligne d'Italie jusqu'à la Blancarde) ; de Marseille-Prado au Vieux-Port, en passant sous la ville. Dans le département de Vaucluse, en outre des lignes indiquées, se trouve l'embranchement de Sorgues à Carpentras. Dans les Basses-Alpes, se trouve le seul embranchement de Saint-Auban à Digne. Dans le Var, ajoutons la ligne de Toulon aux Salins d'Hyères.

Toutes ces voies ferrées ne suffisent pas, tant au point de vue commercial qu'au point de vue stratégique. Il faudrait finir ou projeter divers embranchements indispensables, entre autres ceux d'Hyères, par le littoral, jusqu'à Fréjus ; d'Apt, pour aller rejoindre la ligne des Alpes ; d'Eyguières à la ligne des Alpes, etc...

Mais la ligne la plus importante qui reste à faire, dont le canal de Marseille à l'étang de Berre serait le complément, c'est la ligne directe de Marseille à Calais.

TABLE

PAGES.

Le Pays :

    Aspect général de la Provence.   1
    Le littoral   4
Constitution du sol 37
Les cours d'eau 47
    Le Rhône. 47
    La Durance. 48
    La Crau 51
    Autres affluents du Rhône 54
Climat. 57

L'Histoire :

    La fondation de Marseille. 63
    La Province Romaine (Provence). 67
    Arles, métropole des Gaules. 70
    Le christianisme en Provence 70
    Les barbares en Provence. 71
    La Provence au moyen âge 73
    Charles d'Anjou, comte de Provence. 87
    Le bon roi René 90
    Annexion de la Provence à la France 90
    Les invasions de la Provence sous François Ier. . . . 92
    Persécution des Vaudois 96
    Guerres de religion en Provence 97
    La Provence sous Louis XIV 101
    La Provence sous Louis XV (La peste de 1720). 105
    La Provence en 1789 110

TABLE DES MATIÈRES

	PAGES.
LES HOMMES ILLUSTRES	113

DÉPARTEMENTS ET VILLES :

Département des Bouches-du-Rhône	129
Département du Var	165
Département de Vaucluse	168
Département des Basses-Alpes	177

LA RACE, LE CARACTÈRE, LA LANGUE, LES LETTRES ET LES ARTS	181
MŒURS ET COUTUMES	197
Les Danses	200
Fêtes et Jeux	204

Au Printemps. — Les Rameaux 204
Les Mayes (li maïo) 206

En Été. — Les Processions 207
La Tarasque 209
La Bravade 210
Le Bœuf gras 211
Les Feux de joie 212
Trains ou Roumevages 212
La Targo 213
Courses de Taureaux 215

En Automne. — La Toussaint 218

En Hiver. — La Noël 218
Carnaval et Caramantran 222

SITUATION ÉCONOMIQUE 226

Table des Matières 241

---

600. — Paris. Typographie Gaston NÉE, rue Cassette, 1.

www.ingramcontent.com/pod-product-compliance
Lightning Source LLC
Chambersburg PA
CBHW070527170426
43200CB00011B/2348